accounting & financial statements

会計と決算書がパズルを解くようにわかる本

税理士
戸村涼子
Ryoko Tomura

日本実業出版社

はじめに

本書のタイトルにある「会計」「決算書」と聞くと、どのようなイメージがあるでしょうか？　きっと、「難しい」「とっつきにくい」というイメージを抱く人も少なくないと思います。

それにもかかわらず、ビジネス誌などでも「会計」や「決算書」の特集をしていて、関心を持っている人が多いことがうかがえます。苦手な人も多いけれども大切なテーマだから、ビジネス誌で特集が組まれたり、書店でも「会計」や「決算書」の入門書が多く出ていたりするのでしょう。

私自身は、「会計（具体的にいうと『簿記』）」を最初に学んだのは、大学生のときでした。

当時は、数字を「合わせる」ということに夢中になり、ゲームのような感覚で楽しんでいた記憶があります（ちなみに、この本は私が最初に「簿記」を勉強したときのエピソードがきっかけで生まれました。そのエピソードは、詳しくはプロローグに書きました）。

そして社会人になって、会社の経理部に入って、決算を組み、数字を開示する仕事を経験しました。その後、税理士として、「決算書」を見ることは仕事の1つになっています。

私はこのように「会計」と近い仕事をずっとしてきましたが、最初から「会計」や「決算書」の本質を理解していたわけではありません。

じつは、経理部で「決算書」をつくっていたときは、「会計」というものが、わかるようでよくわかっていませんでした。

「決算書をつくる」という自分の仕事の先に、何があるのかがぼんやりしていました。自分の仕事の半分くらいはわかっていても、半分はわかっていない状態だったと思います。

その後、税理士になって、ようやく経理部時代に自分がやっていた仕事が理解できるようになりました。この本には、そんな私の経験も色濃く反映されています。

また、この本を書くにあたっては、まずは「会計」や「決算書」に苦手意識を持っている人側に立ちたいと、顧問先の社長やビジネスパーソンの方から、たとえば次のような声も参考にしました。

「そもそも、会計はどこから学んだほうがいいのか？」
「決算書の何を、どう見ればいいかわからない」
「超初心者でも、大事なところだけは押さえておきたい」

そして、かつての私のように「会計」や「決算書」の本質を理解していない人に向けて、それがわかるように心がけました。

会計や決算書の「初心者向け」「入門書」とうたわれている本には、わかりやすく理解するために、たとえ話をして身近に感じられるように工夫されているものが多くあります。しかしなかには、たとえ話が回り道となって本質まで理解がおよばないものも目にしました。

「会計」や「決算書」の数字は、基本的に足し算、引き算をもとに表されています。さらに、使われている言葉の漢字自体は、小中高で習うようなものばかりです。

そこで、この本では、できるだけ「会計」や「決算書」の本質をシンプルにして、正面から向き合いながら、なおかつ苦手な方やコンプレックスを持っている方が理解できるように書いたつもりです。

この本を読むことによって、「会計」や「決算書」に苦手意識を持っていた方も、「会計」や「決算書」の本質がいまいちわからなかった方も、「会計って、こんなふうに役立つのか！」「決算書はこういう意味があったんだ！」といった「気づき」をきっと得られるはずです。

目次

会計と決算書がパズルを解くようにわかる本

プロローグ

なぜ、「会計」に苦手意識を持っている人は多いのか？

第1章

会計の「目的」と「全体像」を理解しよう

第2章

これだけは知っておきたい「会計」の基礎知識

第3章

決算書は「目的」と「つながり」から読み解こう

第4章

「決算書」と「税金」の切っても切れないつながり

第5章

「数字」を活かして、意思決定しよう

カバーデザイン／八木美枝
本文デザイン・DTP／初見弘一
写真／薮田織也
ヘアメイク／上野彩紗

プロローグ

なぜ、「会計」に苦手意識を持っている人は多いのか？

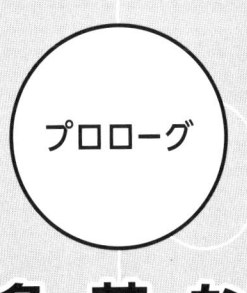

Lesson 1

「会計」がとっつきにくい3つの理由

「会社の数字に強くなるために会計を勉強したい」というビジネスパーソンは少なくなく、書店にも「会計」に関する本が数多く並んでいます。そのようななか、「会計」に苦手意識を持つ人はたくさんいます。

その原因は、大きく次の3つにあると私は考えています。

①学ぶ「目的」がわからない

「会計が苦手」という人から、よくこんな質問を受けます。

「決算書は、それぞれ何のためにあるの？」
「簿記がわかるようになると、どう役に立つの？」
「そもそも、過去の数字を見ることに意味があるの？」

これらの質問はすべて、「会計を学ぶ目的がわからない」ことに起因しています。

「会計を勉強する」となると、ほとんどの人が「まず簿記から」となります。私自身、会社の経理部に配属されたときに、まず「簿記」の研修を受けました。

では、すべてのビジネスパーソンにとって「簿記」を学ぶことは必要なのでしょうか？　じつは、「簿記」は「決算書」を「つくる」ためのスキルであって、「会計」の全体像の一部分にすぎません。そしてこれが、会計を学ぶ「目的」をわかりにくくしているのです。

では、なぜ「会計」を学ぶのか？　それは「**会計」によってはじき出される会社の数字によって、その会社の状態がわかるからです**。さらに、**会社の「現在の数字」をもとに、「未来の数字」を予測して、意思決定をするためです**（このことを、本書では「数字を活かす」スキルと表現していきます）。

実際に、「簿記」の勉強をしていなくても「会計」を使いこなす経営者の方もいます。「簿記」は、「会計」の技術的な部分を担う根幹ではありますが、それだけでは「会計は何に役立つのか？」」といった本質は見えてこないのです。

②「全体像」がわからない

「会計」について学んだとしても、数字を活かせるかどうかはまた別の問題です。それは、多くの人が「会計」にまつわる個別の分野ごとに「積み上げ型」で学ぶことが多い、というのが大きく影響しています。

書店に行くと、「簿記」「決算書」「管理会計」などと、それぞれ別の本で解説しています。これらを個別に理解できても、学んだことが「会計」全体のどの部分なのか、それがどのようにつながって全体の数字を構成しているのかは見えてきません。

個別で数字を理解しても、それは単なる記号のようなものであって、「数字を活かす」までには至りません。

③「専門用語」が頭に入ってこない

「会計」の勉強をはじめると、さまざまな専門用語が出てきます。

まず基本的な用語でも、「売掛金《うりかけきん》」「買掛金《かいかけきん》」、「借方《かりかた》」「貸方《かしかた》」、「貸借対照表《たいしゃくたいしょうひょう》」「損益計算書」「キャッシュフロー計算書」、「営業損益」「営業外損益」などなど、どれがどれだかわからなくて混乱する人も少なくありません。私自身、税理士の仕事をしている今でも「専門用語がわかりにくいなあ」と思うことがあります。

「会計」の全体像がわかっていないまま、さらに専門用語を必死に覚えようとすると、往々にしてその本質が見えなくなりがちです。専門用語を覚えることが目的ではなく、それぞれが何を意味しているのかを理解することのほうが大事なのです。

ここにあげた「会計がとっつきにくい3大要因」は、これまでに私が勤めていた会社での経理業務、税理士事務所、税理士として独立という私自身のキャリアと、その過程で出会った人たちの声がもとになっています。

このようなキャリアや、まわりの人たちの声をもとに「なぜ、自分がわりと楽しく学べたのか」を思い出し、そして「会計が苦手な人はどんなところでつまずくのか?」「どういったことを心がければ苦手意識を克服できるのか?」といった話に思いをめぐらせると、ある1つの解決法が見えてきました。

それは「**パズルを解くような感覚**」で**会計を学ぶこと**です。そのことを「会計」に苦手意識を持っている人に教えたところ、「そういうことなんだ! なんだかモヤモヤしていたものがすっきりした!」という声をいただきました。

この本では、そうやってパズルを解くような感覚で「会計」を学んでいくコツを紹介していきます。

Lesson 2

「会計」はパズルを解くような感覚で一気にわかる

会計は「目的」「全体像」「つながり」で見ていく

「会計」がとっつきにくい3大要因（「学ぶ目的がわからない」「全体像がわからない」「専門用語が頭に入ってこない」）を克服するために、私は会計にまつわる疑問を「パズルを解くような感覚」で理解していくことをすすめています。

では、「パズルを解くような感覚」とはどういうことなのでしょうか？　私なりの定義では、各項目を**会計の「目的」「全体像」「つながり」から理解すること**を意味します。

そして「パズルを解く」とは、「会計」全体をパズル感覚で解くことと、「決算書」

をパズル感覚で解くことに分かれます。

私は上場企業の経理部で長く働いていました。あるとき、人事異動でまったく経理の知識がない方が経理部に配属されたことがありました。その方が「なぜこの資料をつくるのか？　これが会社の何の役に立つのかわからない……」と漏らしていたことがあります。今、自分の行っている業務が会社のどんなことにつながっているのか、その「全体像」と「目的」が理解できていない様子でした。

このように「会計」の一部分の資料だけを見ていても、ジグソーパズルの1つのピースを理解しているにすぎません。ジグソーパズルは、1つひとつのピースだけでは何を示しているのか理解できません。しかし、すべてを組み合わせて完成すると1枚のイラストや写真になります。

それと似たように、**会計もすべてのピースが完成した「全体像」を常にイメージすることによって、「自分の業務が何に役に立っているか」「どうつながっているのか」がわかります。**すると、会計をとりまく世界観のようなものにもなじめてきて、会計の「専門用語の意味」も頭に入ってくるようになってきます。これが、会計の「全体像」をパズルを解くような感覚で理解していく、という私のイメージです（第1章で説明していきます）。

「会計」によってはじき出された数字を活かして意思決定するためには、「ここが変わればここも変わる」といった、いわばルービックキューブのような「つながり」や「連動」を意識することが非常に重要です。

たとえば、営業部は売上の数字を目標にしますが、「売上高」は会社全体の数字の一部分にすぎません。「売上高」は単独でその数字が動くものではなく、ほかの数字へ影響をおよぼします。

売上拡大のために販促費がたくさんかかれば、いくら売上が増えても、その分、利益を圧迫します。また、売上が増えれば、在庫の残りも意識しなければなりません。

会計の数字の「つながり」と「連動」を理解することにより、会社の活動が会社全体の数字にどのように影響するのかがわかります。

さらに、「この数字がこれだけ伸びたから、利益もこれだけ増える」、あるいは「ここにお金を使いすぎているから、ここを減らせばいい」などと数字を活かして意思決定ができるようになります。これが、「決算書をパズルを解くような感覚で理解する」という私のイメージです（第2章～第5章で説明していきます）。

はじめて「簿記」を勉強したときの、パズルを解くようなワクワク感

では、なぜ私は「パズルを解くような感覚」で会計を理解しようという発想に至ったのか。それは、学生時代に「簿記」を勉強したときと、税理士として独立したときに、ある感覚を感じたことがきっかけです。

学生時代、銀行に勤めていた姉が会社の要請で「簿記」の勉強をしているのを見て、自分も勉強してみました。実際に勉強しはじめると、パズルを解いているような、ワクワク、ドキドキがあったのです。

「簿記」をはじめて勉強したとき、テキストに次のような文章がありました。

「あるパン屋さんが、材料を150円で現金で仕入れてパンをつくり、200円で販売しました（ここではわかりやすいように、数字は極力シンプルにしています）」

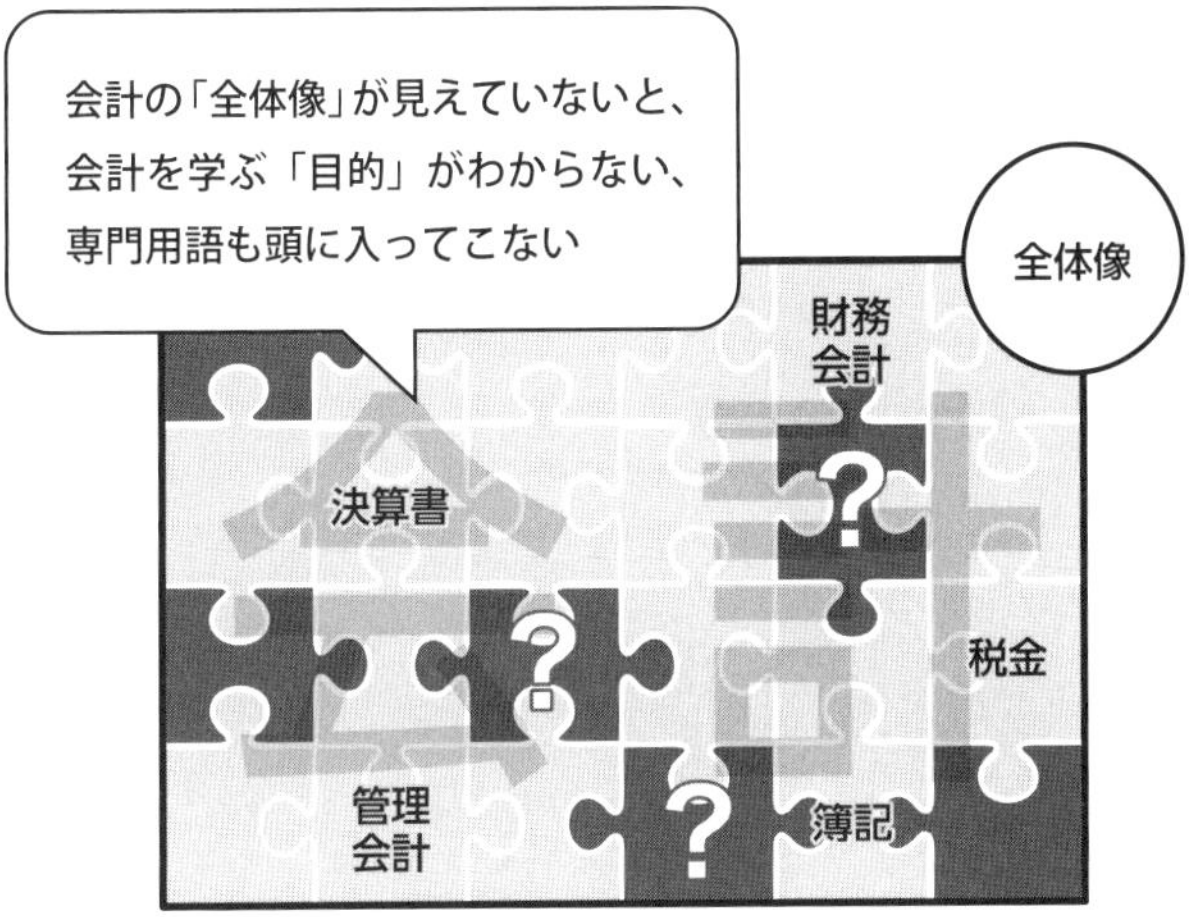
会計の「全体像」が見えていないと、
会計を学ぶ「目的」がわからない、
専門用語も頭に入ってこない
全体像
財務
会計
決算書
税金
管理
会計
簿記

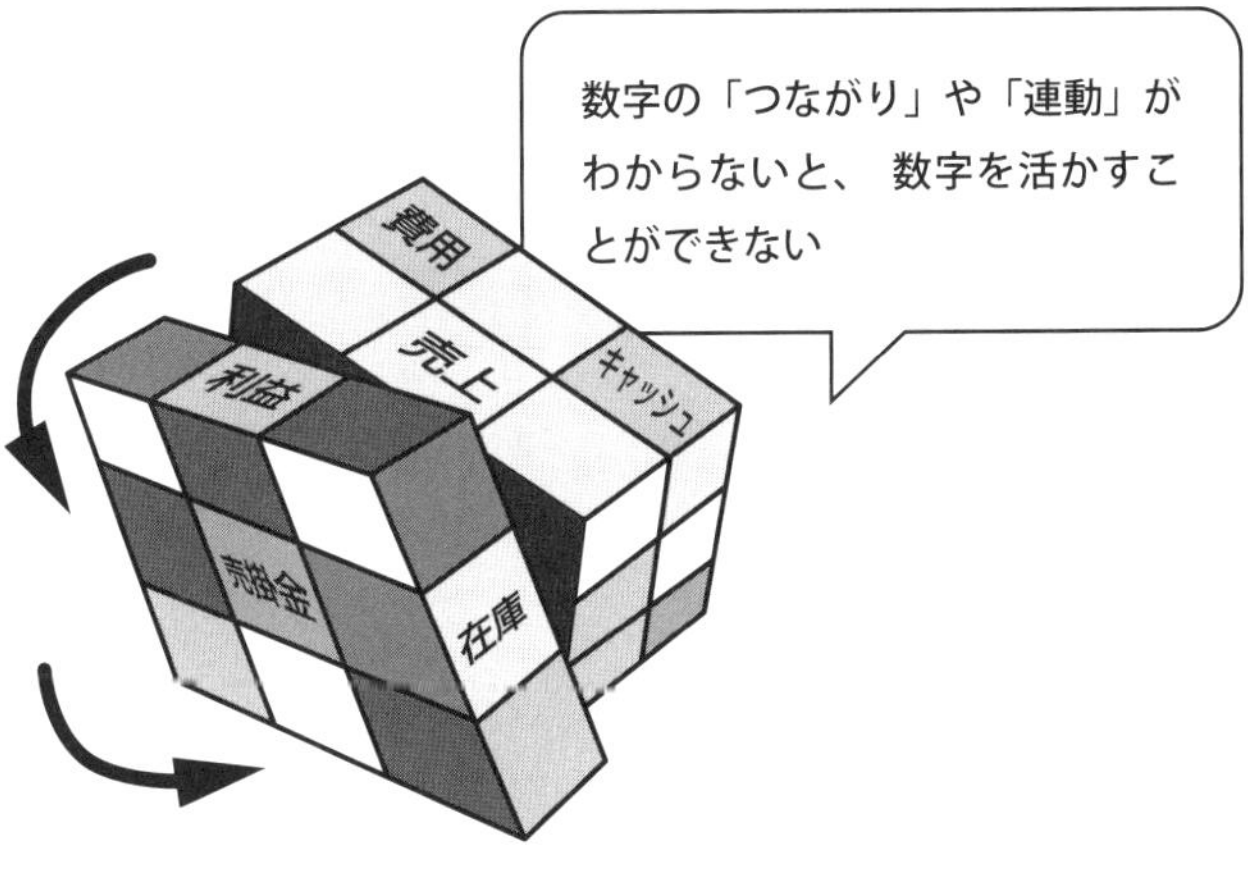
数字の「つながり」や「連動」が
わからないと、数字を活かすこ
とができない
費用
売上
キャッシュ
利益
売掛金
在庫

図０－１　簿記での仕訳

借方）	仕入	150	貸方）	現金	150
	現金	200		売上	200

このとき、「簿記」では次の２つの側面に注目します。

１　パン屋さんが材料を仕入れたことにより、パン屋さんの現金が１５０円減った

２　パン屋さんがパンを売り上げたことにより、パン屋さんの現金が２００円増えた

「簿記」では、これら２つの側面を文字と数字で表現します（図０－１）。この表現方法を「仕訳」といいます（ただし、「借方」「貸方」などの「簿記」の専門用語はのちほど説明しますので今は気にせずに）。

会社の経理部は、この「仕訳」を積み上げていって会社の数字を把握しています。この「仕訳」はいわば会社の数字を「つくる」部分であって、会計の全体像の一部分にすぎません。

しかし、この1つひとつの「仕訳」が会計のルールによって、たとえば「今、会社が持っているもの（貸借対照表）」「儲けはどのくらいか（損益計算書）」を示す「決算書」（これらも詳しくは、のちほど説明します）に集計され、活用することで意味をなすようになります。

単なる文字と数字の羅列である「仕訳」の作業が、結果的に企業活動の結果を明らかにし、経営に活かされるようになる。このことが、まるでバラバラだったピースが集められて全体のパズルをかたちづくっているかのように私は感じたのです。

経理、税理士というキャリアを経て、会計の「全体像」が見えてきた

企業活動を表す最小単位の「仕訳」の1つひとつを見ていても、会社の実態はわかりません。しかし、それらがパズルのように組み合わさっていることを理解すると、最終的に会社の経営成績や財政状態が見えるようになる。この過程が本当に不思議で面白かったのです。

そして、大学で「簿記」を勉強した流れもあって、社会人になってからは長らく企業の経理部で働きました。

一時期、自分のやっている業務の目的が「決算書を作成すること」以外見えなくなっていたこともあります。私の場合は、「決算書」の細かい部分ばかりを勉強してしまったため、会計の「目的」「全体像」が見えにくくなっていたのです。

しかしその後、企業の経理部から税理士法人へ転職し、さらに税理士として独立するというプロセスを経て、これまでそれぞれの仕事で学んだバラバラのピースが、まるで1つの絵としてつながったように感じました。

自分自身のキャリアを振り返ると、それは「簿記」「決算書」「財務会計」「管理会計」「ファイナンス」など会計をとりまく「全体像」をたどってきたように思えたのです。

税理士になった今は、会計を学ぶ「目的」と「全体像」が理解でき、会計の数字の「つながり」と「連動」も意識できるようになりました。まさに、会計の「全体像」をパズルで解くような感覚で理解できるようになったのです。

それによって、税理士として単に数字をもとに税金の計算をして終わりではなく、利益の改善や資金繰りなどを含めた会社の数字の全体を意識した、意思決定に関わるアドバイスもできるようになったのです。

「会計」は会社の活動を客観的に理解できる優れたツールです。株主や金融機関をはじめとした外部の関係者は、会社が報告する「会計」による数値をもとに会社の評価をします。一方で、経営者は「会計」の数字を使って意思決定を行い、従業員は「会計」の数字を使って自分の業務の目的を明確にします。

「会計」はそんな有用なツールであるにもかかわらず、うまく活用されていない人や会社も少なくありません。

本書は「これから会計や決算書を学びたい人」「一度学んだけれど、挫折《ざせつ》した人」を主に対象としています。とくに、経理に配属された新入社員の方、会計や決算書の大事なところだけ知りたいという経営者、ビジネスパーソンにおすすめです。

本書を読んで、「会計」をパズルを解くような感覚で理解することで、「会計＝とっつきにくい」というイメージを取り払って、「会計」を身近に感じてください。そして、ぜひ「会計」を自分の武器にしましょう。

第1章

会計の「目的」と「全体像」を理解しよう

Lesson 1

「会計（アカウンティング）」と「財務（ファイナンス）」の違い

「会計（アカウンティング）」は会社の数字の一部分

プロローグでは、「会計」に苦手意識を持つ理由として「何のために学ぶのか目的がわからない」「全体像がわからない」という点をあげました。図1－1をご覧ください。じつは本書のテーマである「会計（アカウンティング）」という分野は、会社の数字の全体の一部分なのです。

「会計（アカウンティング）」に対して、「財務（ファイナンス）」も会社の数字を考えるうえで重要な分野です。そして、両者に共通して必要となるのが、会社の数字の集大成である「決算書」と、決算書を作成するための技術である「簿記」です。

図1－1　会社の数字の全体像

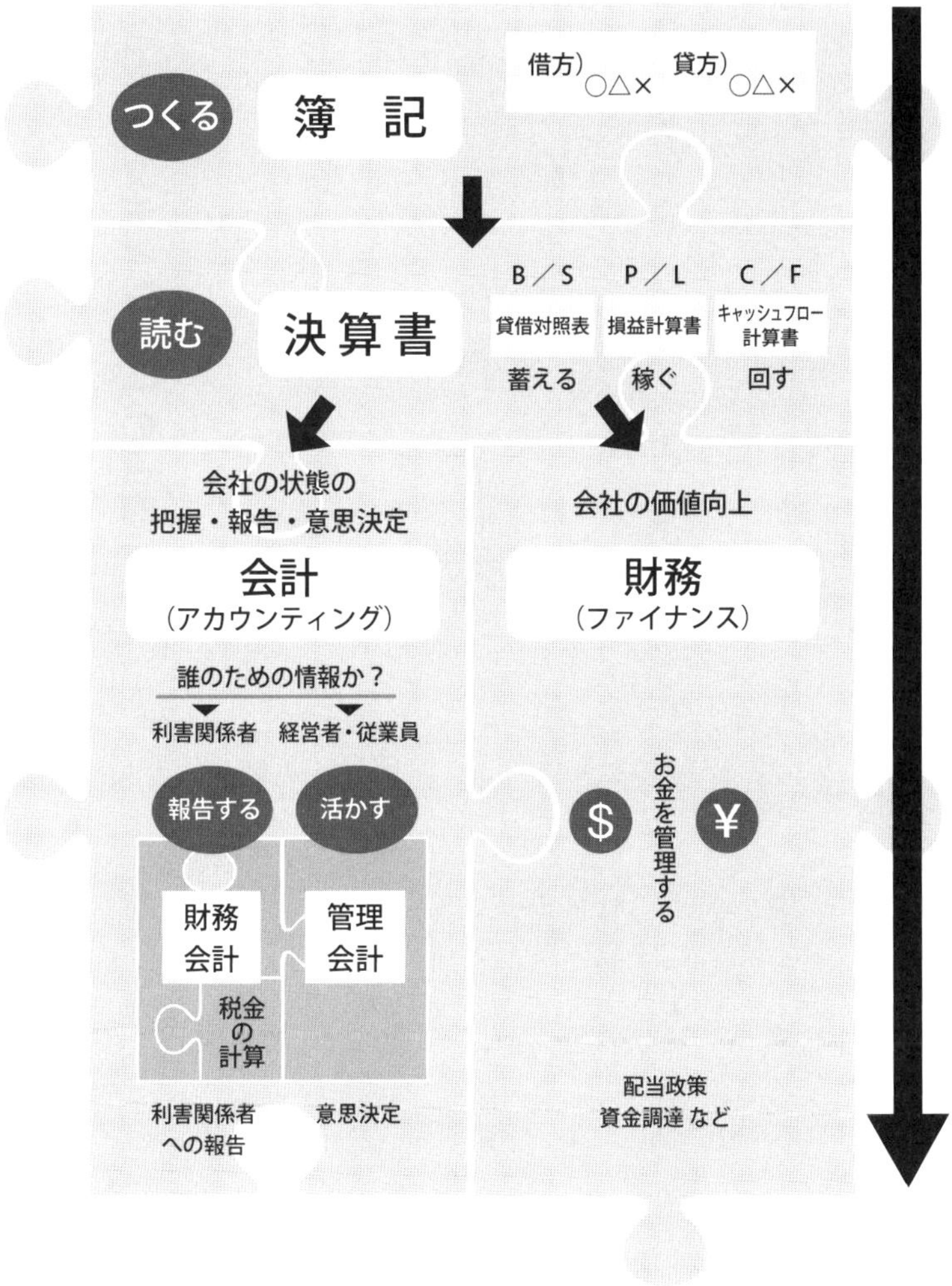

「会計（アカウンティング）」の目的

会社の数字全体のうち、**「会計（アカウンティング）」の目的は、会社の状態を把握して外部に報告することと、意思決定に活かすことです。**つまり、数字をもとに儲かっているのか、どれくらいの資産を持っているのかを把握・報告し、今後の経営戦略を考えていくわけです。

「会計（アカウンティング）」は、「説明責任」とも訳されるように、**「誰のための情報か」によって「財務会計」と「管理会計」の2つの分野に分かれます。**

「財務会計」とは、株主や会社にお金を貸している人などの会社と利害関係のある人たちに報告するためのものです。会社は定期的に、これらの人たちに「どれくらい儲かっているのか」「どれくらいの資産を持っているのか」を報告しなければいけません。この報告は、法律や会計のルールに従って行われます。なお、税務署に報告する税金の計算も、この「財務会計」に含まれます。

一方、**「管理会計」とは、経営者が数字を活かして意思決定をするためにあります。**

「財務会計」のように法律や会計のルールはないので、形式は自由です。経営者や従業員が自身の経営や仕事に活かすために「決算書」の数値を活用します。

「財務（ファイナンス）」の目的

「財務（ファイナンス）」は会社の数字のうち「資金」の部分に特化した分野です。

つまり、会社が「資金」を調達・運用し、企業としての価値を高めていくことを目的としています（この本は、会計の初心者向けに「会計（アカウンティング）」の疑問に答えていくのがコンセプトですので、「財務（ファイナンス）」については概要にとどめます）。たとえば、「資金の調達」に関していえば、銀行から借り入れるか、それとも増資をするかといった判断に活用されます。「資金の運用」に関していえば、調達した資金をどこに投資するか、といった判断に活用されます。

「会計（アカウンティング）」がどちらかというと経営者や従業員が会社の数字をどう報告・活用していくかが主な視点となっているのに対し、「財務（ファイナンス）」では資金提供をしている投資家が会社をどう評価するかが主な視点となっています。

Lesson 2

身につけるべき4つの会計スキル
～数字を「つくる」「読む」「報告する」「活かす」～

ここまで、「会計」は大きく分けて外部へ数字を報告するための「財務会計」と、数字を活かすための「管理会計」があり、そのもととなるのが会社の「決算書」、そして決算書をつくるための技術が「簿記」であると説明しました。

これらを身につけるべき会計のスキルごとに分類すると、次の４つになります。

「数字をつくる」（簿記）

「数字をつくる」とは、会社の数字の集大成である「決算書」をつくるスキルのことです（図１－１の「簿記」の部分が該当します）。

「簿記」は、会社の「取引」を1つひとつ「仕訳（取引を文字と数字で表現したもの）」して、一定のルールに従って「決算書」を作成していきます。

そのルールは膨大ですが、日商簿記検定3級程度で、ある程度必要な知識を身につけることができます。

「数字を読む」（決算書）

「数字を読む」とは、「簿記」によってできあがった「決算書」を読むスキルのことです（図1－1の「決算書」の部分が該当します）。

「決算書」とは、会社の「稼ぐ力」を表す「損益計算書」、「蓄える力」を表す「貸借対照表」、「お金（現預金）を回す力」を表す「キャッシュフロー計算書」の3つを指します。

これら3つの「決算書」を読み解いて、会社の「儲け」や「資産」の状態を分析できるスキルです。

「数字を報告する」（財務会計）

「数字を報告する」とは、法律（会社法や金融商品取引法）に従って、株主や会社にお金を貸している人などの利害関係者に数字を報告するスキルのことです（さきほど説明した、図1－1の「財務会計」の部分が該当します）。

たとえば株主への報告として、上場会社であれば決算速報である「決算短信」、金融商品取引法によって開示が義務づけられている「有価証券報告書」を作成することが該当します。「財務会計」には、税金を法律に従って適正に計算し、税務署に報告するスキルも含まれます。

「数字を活かす」（管理会計）

「数字を活かす」とは、「決算書」をもとに会社の意思決定をするスキルのことです（さきほど説明した、図1－1の「管理会計」の部分が該当します）。たとえば、会社の部門ごとの儲けの把握や、事業計画書の作成、日々の意思決定などが該当します。

Lesson 3

立場によって、身につけるべき会計スキルは異なる

前項で説明した4つの会計スキル「数字をつくる」「数字を読む」「数字を報告する」「数字を活かす」をすべて理解することは必要なのでしょうか？

じつは、立場によって身につけるべき会計スキルは異なります。すべての人が、この4つのスキルを必ず身につけなければいけないわけではありません。

39ページの図1－2をご覧ください。さきほどの図1－1の「会社の数字の全体像」に経営者、経理担当、経理以外のビジネスパーソンのアイコンを追加しました。それぞれのスキルの上に表示しているアイコンは「必ず知ってほしい人」になります。☆の印は「知っているとよりよい人」です。さらに、立場によって必要な会計スキルを次の3つで分類し、説明していきます。

◎　必ず知ってほしい
◯　できれば知ってほしい
☆　知っているとよりよい

経営者が学ぶべき会計スキル

経営者が学ぶべき会計スキルのレベルは、次のとおりです。

・数字をつくる　☆
・数字を読む　◎
・数字を報告する　☆
・数字を活かす　◎

経営者に一番求められるのは、数字の大局をつかむスキルです。「簿記」や「財務

図1－2　会社の数字の全体像

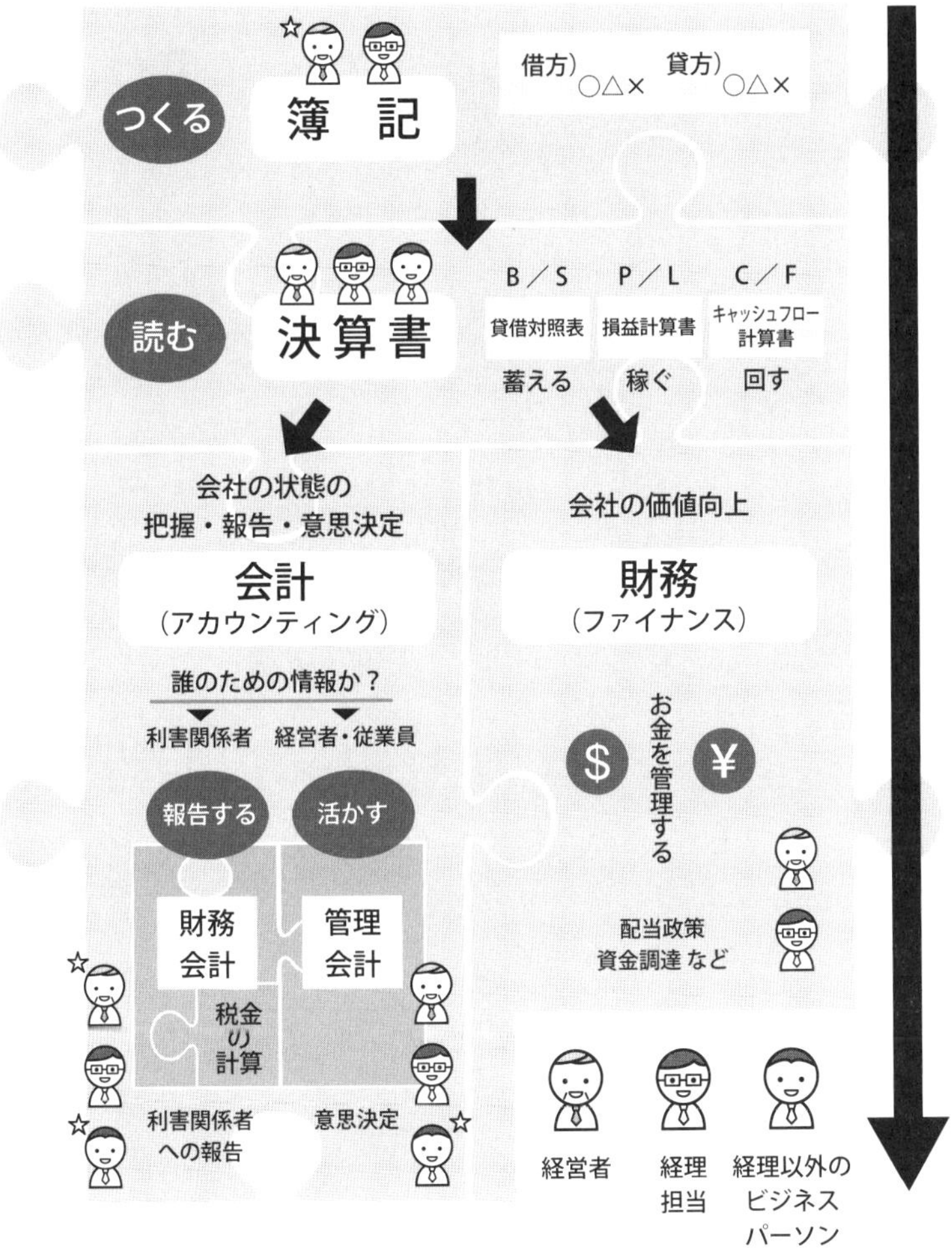

会計」などの専門的な知識よりも、「数字を読む」「数字を活かす」スキルです。

たとえば、企業の現場の活動が「決算書」にどう反映されているか、どこを改善すればそれが数値になって現れるかが感覚的にわかる能力ともいえます。そのなかでも**「数字を活かす」スキルは経営者にとって一番大切です。**

一方、「簿記」の知識を使って「数字をつくる」スキルと、法律に従って「数字を報告する」スキルはそれほど求められておらず、専門のスタッフや外部にまかせるのも1つの手でしょう。

ただし、経営者にとって重要な「決算書」を読むための前提にある「簿記」は、☆（知っているとよりよいもの）であり、身につけると「数字を読む」スキルが上がります。少なくとも、「簿記」の基本原理は知っておいたほうがよいでしょう。

「数字を報告する」スキルの1つである「税金の計算」も、まったく知らなくてもいいというわけにはいきません。基本的な原理は知っておかないと、たとえば予期していない税金の支払いのために資金繰りがうまくいかなくなるなど、経営の足を引っ張りかねません（「税金の計算」については、第4章で説明します）。

経理担当が学ぶべき会計スキル

経理担当が学ぶべき会計スキルのレベルは、次のとおりです。

- **数字をつくる ◎**
- **数字を読む ◎**
- **数字を報告する ◎**
- **数字を活かす ○**

経理担当の主な仕事は「数字をつくる」「数字を報告する」ことです。「数字をつくる」ためには、「簿記」の知識に加え、「消費税」の知識も必要になってきます。数字を外部に報告するには、「会社法」や「金融商品取引法」「税法」などの法律に加え、さまざまな会計のルールを知る必要があります。

経理担当は、この「数字をつくる」「数字を報告する」ことが大きなミッションです。ただ、経理担当の隠れた最大のミッションは「経営者の意思決定に役立つ、価値ある会計情報を提供する」ことだと私は考えています。これは「数字を読む」「数字を活かす」スキルがもとになっています。

私は長年、会社の経理部で「数字をつくる」「数字を報告する」仕事をしてきました。そこで気づいたことは、これらの仕事と「数字を読む」「数字を活かす」仕事とはまったく違ったスキルであるということです。

実際に私は経理部で働いていた当時、数字をつくり、報告することはできても、その数字をどう読んで、活かすかまではできていませんでした。

税理士として独立して経営者と接することで、はじめてこの「数字を読む」「数字を活かす」2つのスキルこそが経理に求められていることに気づきました。

まずは経理の主な業務である、数字を「つくる」「報告する」スキルを身につけます。そのうえで、社長の経営参謀的な存在になるために、数字を「読む」スキルを磨き、さらに「活かす」スキルを身につければ強力な武器となるでしょう。

経理以外のビジネスパーソンが学ぶべき会計スキル

経理以外のビジネスパーソンが学ぶべき会計スキルのレベルは次のとおりです。

- **数字をつくる** ☆
- **数字を読む** ◎
- **数字を報告する** ☆
- **数字を活かす** ○

経理以外のビジネスパーソンは、ふだん数字と接する機会は少ないかもしれませんが、「会計」を学んで仕事に役立てたいと思う方もいるでしょう。

たとえば、営業の方であれば、自社の商品・サービスを営業先に説明するのに「会計」の数字を用いる機会もあります。企画開発の方で新規事業を提案するのに、数字をまったく使わないでプレゼンする人はいないでしょう。自分は経理担当ではないからといって、「会計」がまったく必要ないということはありません。

具体的には、**「数字を読む」スキルはどんなビジネスパーソンにも必要となります。**

それに加えて、「数字を活かす」スキルもあれば成果はより出やすくなります。

一方で、「数字をつくる」「数字を報告する」スキルは一般的なビジネスパーソンにはそれほど求められていません。あくまで、できあがった「決算書」を「読む」「活かす」スキルが重視されます。ただし、「決算書」をより深く理解するために、「簿記」の原理を知っておくことは有効でしょう。

「財務（ファイナンス）」は、どんな人が学ぶべき分野か

会社の資金に関わる「財務（ファイナンス）」は、どういった人たちが学ぶべき分野でしょうか？

会社によっては経理部が「会計（アカウンティング）」の仕事に加え、「財務（ファイナンス）」の仕事もしている場合もあります。日常の資金繰りの管理等であれば社内で完結している場合が多いですが、投資や買収案件など専門家が必要となる仕事もあります。したがって、「財務（ファイナンス）」は経営者・経理（財務）担当が学ぶのは必須で、場合によって外部の専門家と連携しながら進めていく分野といえます。

まず文字通り、会社の財務部が「財務（ファイナンス）」に関わる仕事をしている

場合が多いです。さらに、会社が回っていくためには「資金」が必須です。「資金」をどう動かすかが経営ともいえ、経営者は「財務（ファイナンス）」を当然学ぶ必要があります。

全体像をつかめたら、まずは数字を「読む」スキルから身につけよう

この章では、立場によって学ぶべき会計スキルは異なる、という話をしてきました。しかし、**すべてのビジネスパーソンに必要なスキルがあります。**

それは数字を「読む」スキルで、より具体的にいうと「決算書を読むスキル」です。会社の活動の集大成である「決算書」を読むことができなければ、その先の数字を「報告する」「活かす」こともできないからです。

まずは「決算書」を「読む」スキルを身につけて、置かれる立場によって、数字を「つくる」「報告する」「活かす」などのステップに進んでいけば、効率的に「会計」を学ぶことができるでしょう。

第2章

これだけは知っておきたい「会計」の基礎知識

Lesson 1

数字を「読む」ために最低限必要な「会計」の知識

決算書を「読む」スキルは、すべてのビジネスパーソンに必要であるという話をしました。ただし、決算書を読むための土台となる「簿記」の細かいルールを全部覚える必要はありません。

この章では、決算書を「読む」スキルを身につけるために、最低限必要な「会計」の知識を次の3つに絞って説明していきます。

1 これだけは知っておきたい「会計用語」

2 3種類の「決算書」が必要な理由

3 「決算書」作成までの「簿記」の仕組み

Lesson 2

これだけは知っておきたい「会計用語」

「会計用語」には、少し変わった言い回しのものがたくさんあります。すべてを理解する必要はありませんが、数字を読み、活かすためには、これだけは知っておきたい「会計用語」があります。

経理

どこの会社にも「経理部」という部署があります。「経理」とは、第1章の図1－1で示したとおり、会社の数字の把握、報告、意思決定を行う「会計（アカウンティング）」、会社の数字を管理する「財務（ファイナンス）」に関わる仕事のことをいいます。

会社によっては、「経理部」と「財務部」が分かれており、「経理部」は会計業務、「財務部」は財務業務を担当することが多いです。

取引

会社は「利益」を得るために、日々さまざまな活動をします。そのなかでも、「数字で表すことができる会社の活動」のことを会計上「取引」と呼んでいます。

たとえば、得意先に請求書を発行する場合で考えてみましょう。請求書には会社に入ってくるお金がはっきりと数字で書かれているので、その時点で会社の「売上」として数字に表すことができます。このように、「請求書を発行するイベント」は、会社の「売上」の数字として表すことができる会社の「取引」になります。

一方、「数字で表すことができない会社の活動」は取引にはなりません。たとえば、新しいお客様と契約を結んだときは、その契約によって入ってくるお金は未確定で、数字で表すことができないので取引にはなりません。人を雇ったときも、その人がどれだけ稼いでくれるかは数字で表すことができないので、取引にはなりません。

簿記

「簿記」とは「決算書を作成するための一連の手続き」のことをいいます。第1章の図1－1で示した通り「数字をつくる」部分です。

具体的には、会社の「取引」が発生したときに、次に説明する「仕訳」という記録を作成します。この「仕訳」から「決算書」を作成するまでの手続きを「簿記」といいます。経理の仕事を専門にするには、「簿記」の知識が必須となります。

仕訳

「仕訳」とは、「取引」が発生したときに行う記録のことをいいます。「仕訳をきる」などと経理部のなかで使われています。「仕訳」は、すべての「取引」を左側に、右側に数字と文字で記録していきます。

図2－1　仕訳

売上が上がり、現金が増えた取引を文字と数字で表現している

取引日	左 借方科目	金額	右 貸方科目	金額	摘要
○／○	現金	100,000	売上高	100,000	商品売上

勘定科目

左側のことを「借方」、右側のことを「貸方」と「簿記」上では読んでいますが、ここではそういう呼び方をする、とだけ覚えておくくらいでかまいません（詳しくは63ページ以降で説明していきます）。「仕訳」は、最終的には会社の成績表である「決算書」に集約されます。

勘定科目

「勘定科目」とは、「仕訳」や「決算書」に内容を示す項目のことをいいます。「勘定科目」は大きく分けて次の5つに分類されます。

・**資産**……現金、預金、商品、建物など、会社に将来の稼ぎもたらすものを示す
・**負債**……借入金や未払金など、会社がいずれ支払わなければいけないものを示す
・**純資産**…資産から負債を差し引いた残り。資本金など、会社がどのようにお金を集めてきたかを示す
・**収益**……売上など、会社の稼ぎを示す
・**費用**……給与など、会社の負担を示す

このうち、**「資産」「負債」「純資産」は、会社の一時点の「蓄える力」を表す決算書である「貸借対照表」の項目になります。「収益」「費用」は、会社の一定期間の「稼ぐ力」を示す決算書である「損益計算書」の項目になります。**

まずは、この大きな5つの分類が頭に入っていれば、細かい勘定科目の名前は知らなくても問題ありません。

図2－2　勘定科目

資産

会社に将来の稼ぎを
もたらすもの

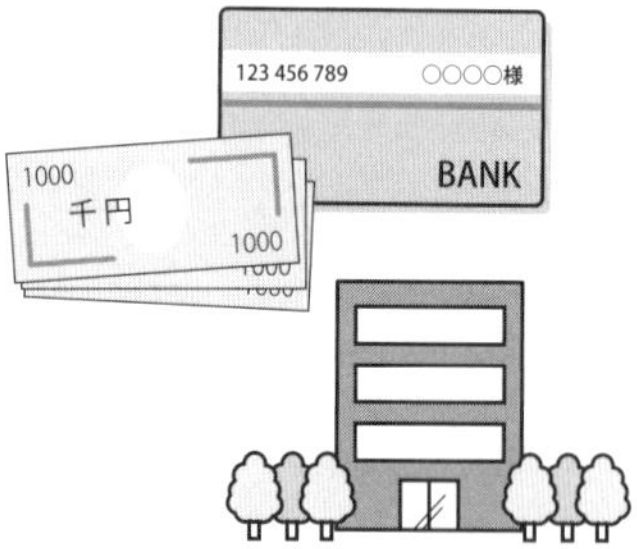

負債

会社がいずれ
支払わなければ
ならないもの

純資産

資産から負債を
差し引いた残り

収益

会社の稼ぎ

費用

会社の負担

決算書

「決算書」は会社の成績表のようなものです。決められた会計のルールに従って作成されます。「決算書」を見れば、その会社の状況や特徴を知ることができます。

この「決算書」という言葉はじつは日常用語で、正式には非上場企業の場合「計算書類（貸借対照表、損益計算書、株主資本等変動計算書、注記表、事業報告、附属明細書）」、上場企業の場合「財務諸表（貸借対照表、損益計算書、キャッシュ・フロー計算書、株主資本等変動計算書、附属明細書）」といいます。

本書で「決算書」と表現するときは、「貸借対照表」「損益計算書」「キャッシュフロー計算書」（これを「財務三表」ともいいます）を意味するものとします。この3種類の「決算書」の説明は、次のとおりです。

●貸借対照表（バランスシートとも呼ばれる。略称「B／S」）

「貸借対照表」は、「今、会社にどのくらいの蓄えがあるのか」を示した表です。さきほど説明した「勘定科目」のうち、会社に将来稼ぎをもたらす「資産」から、借入金や未払金など会社がいずれ支払わなければいけない「負債」を差し引いて、蓄えである「純資産」を計算します。式で表すと、次のようになります。

資産 − 負債 ＝ 純資産

●損益計算書（略称「P／L」）

「損益計算書」は、「一定期間の会社の稼ぐ力（＝利益）」を示した表です。「勘定科目」のうち、会社が稼いだ売上などの「収益」から、会社が負担した給与などの「費用」を差し引いて利益を計算します。式で表すと、次のようになります。

収益 − 費用 ＝ 利益

●キャッシュフロー計算書（略称「C／F」）

「キャッシュフロー計算書」は、一定期間の会社の「お金（現預金）を回す力」を示した表です。「損益計算書」は、一定期間に発生した「収益」と「費用」を記録するものなので、「お金（現預金）の回し方」を見ることはできません。そこで、「お金（現預金）の回す力」だけを抜き出して記録した表が、「キャッシュフロー計算書」です。単純な式で表すと次のようになります。

期首残高 ＋ 入金 － 出金 ＝ 期末残金

「収益」「費用」を認識する時期の決まり――発生（主義）の考え方

「決算書」は、会計のルールに従って作成されたものですが、とりわけ重要なのが「損益計算書」の「収益・費用の取引をいつ仕訳するか」ということです。

「損益計算書」の基本構造は、「収益－費用＝利益」です。「利益」は「収益」と「費用」の金額によって変わってくるので、この2つを好きなときに「仕訳」をしていたら前年比較やほかの会社との比較ができなくなってしまいます。

そこで、**会計では、とくに「収益」「費用」の項目について「取引」の「発生」時に「仕訳」をする考え方をとっています。**「取引」の「発生」時とは、その「取引」

図2－3　発生主義

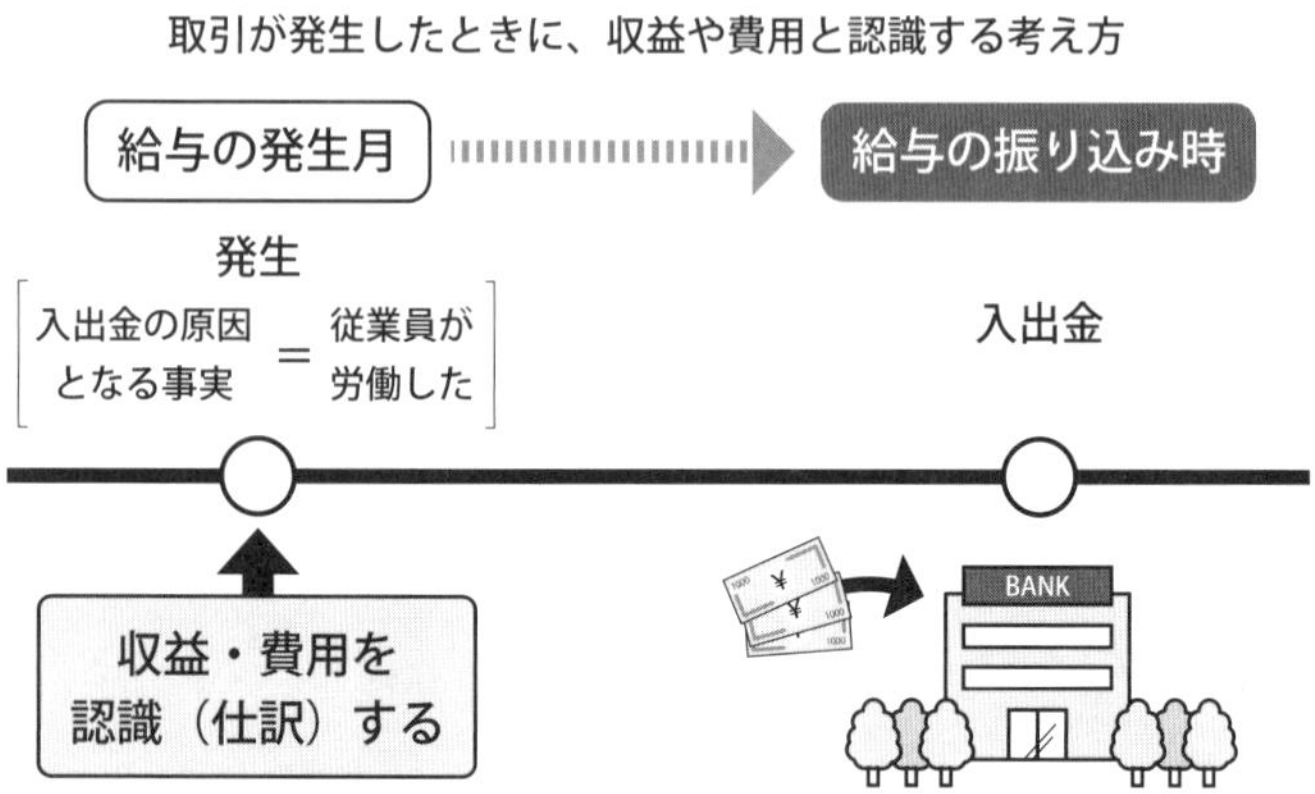

によって会社のお金が増えた・減ったにかかわらず、その原因となるイベントが発生したときが起点になっています。

たとえば、従業員への給与について考えてみます。従業員への給与は会社の負担なので、「勘定科目」は「費用」となります。

それでは、給与が発生したときとはいつなのでしょうか？　ここで原因と結果から考えてみます。給与は、従業員が会社のために働いたこと（原因）に対する支払い（結果）です。一般的には、当月働いた分の給与は、翌月支払われます。「取引」の「発生」とは、給与の支払い時ではなく、従業員が会社のために働いた当月に「費用」を認識するという考え方です。**「取引が発生したときに仕訳する」ということで「発生主義」とも呼ばれます**(図2－3参照)。

「発生」という考え方は、各会社共通の考え方なので客観性に優れています。たとえば、もしも「入金されたときに売上を計上する会社」と「発生したときに売上を計上する会社」がそれぞれあったとしたら、記録するルールが異なるため、業績を単純に比較することができなくなります。そのため、「発生主義」という共通のルールを設けることで、他社との業績の比較も可能になるのです。

「発生主義」は会計では欠かせない考え方です。この「発生主義」の考えにもとづくものとして、「減価償却」も該当します。「減価償却」とは、「資産」となるものを購入したときに、一括して「費用」にするのではなく、使用する期間にわたって徐々に「費用」にしていく方法です。

ここでは、これだけは知っておきたい「会計用語」とその意味を確認しました。いずれも「決算書」を読み、活かすための前提となる知識です。次に、「決算書」の具体的な内容に入っていきましょう。

Lesson 3

3種類の「決算書」が必要な理由

「決算書」によって、何がわかるのか？

「決算書」を作成する目的は「会社の状態を把握するため」です。では、会社の状態を把握するために、なぜ3つの「決算書（貸借対照表、損益計算書、キャッシュフロー計算書）」が必要となるのでしょうか？

3つの「決算書」の意味と存在する意義を考えることは、「会計を学ぶ目的」をはっきりさせることにもなりますので、ここで詳しく解説します。

いきなり会社の「決算書」の説明から入るとわかりにくいかもしれないので、身近な2人の家計の例で考えてみましょう。

Aさんは、年収が1000万円あって毎月の家計は黒字（収入が支出を上回っている状態）です。ただ、浪費癖があって貯金はあまりできておらず、持っている資産が10万円ほどしかありません。

一方、Bさんは、年収が100万円しかなく毎月赤字（支出が収入を上回っている状態）ですが、浪費はせず親から引き継いだ現預金、土地などの資産を合計5000万円ほど保有しています。

この2人の生活は、どちらが家計的に見て成績がよいでしょうか？「何をもって、よい成績か」というのは、判断する人の価値観によるところもありますが、次のことはいえるでしょう。

Aさんは現時点で「稼ぐ力」はあるかもしれませんが、何かあったとき（たとえばリストラされたときなど）の「蓄え」が乏しいため、安定しない家計です。

Bさんは、現時点で「稼ぐ力」はありませんが、お金（現預金）を「回す力」はあり、何かあったときの「蓄え」が多いので今すぐ危険な状態になることはないでしょう。ただ、「蓄え」はどんどん減っていくので将来的に見ると不安な家計です。

このように、家計で考えると、どれだけ一定期間の収支を黒字にできるかを示す

「（お金を）稼ぐ力」「（お金を）蓄える力」「（お金を）回す力」の3つのバランスをとることが大事だということがわかります。

会社も家計と考え方はまったく同じです。「稼ぐ力」「蓄える力」「回す力」の3つのバランスをとっていくことが重要です。この3つの力を測定するのが会社の成績表である3種類の「決算書」なのです。

会社の「稼ぐ力」を示す決算書が「損益計算書」、「蓄える力」を示す決算書が「貸借対照表」、お金（現預金）を「回す力」を示す決算書が「キャッシュフロー計算書」です。

この3種類の「決算書」を読むことができれば、会社が稼ぐ力をつけ、安全な額の蓄えを有し、お金をいかに上手に回しているのかがわかります。

Lesson 4

「決算書」作成までの「簿記」の仕組み

3種類の「決算書」の意味を確認したところで、次は「決算書」ができあがるまでの過程を確認しましょう。

「簿記」は「取引→仕訳→決算書」の流れだけ押さえればOK

さきほど、「簿記」は「決算書を作成するための手続き」と説明しました。つまり、「簿記」の基本が理解できれば、「決算書」を作成する過程がわかるということです。

なかには、経理部以外の人は「決算書をつくるのは経理部の役目だから、簿記は理解できなくてもいい」と思う人がいるかもしれません。たしかに、細かい科目名などは覚える必要はありません。ただ、「どのような過程で決算書ができあがるのか」という基本を理解できなければ、「決算書を読む」ことはできません。

経営者・経理以外のビジネスパーソンが理解すべきは、次の流れです。

取引発生→仕訳→決算書

厳密にいうと、「簿記」にはさまざまな帳簿（記録ノートのようなもの）が絡んできますが、経営者・経理以外のビジネスパーソンはこの流れを理解するだけで十分です。

「簿記」は、「仕訳」にはじまり、「仕訳」で終わります。それだけ「取引」を正しく「仕訳」することが重要になります。

ということは、「仕訳」の原理原則さえ理解できれば十分ということです。そうはいっても、「細かい仕訳をすべて理解するのは無理……」と思われた方はご安心ください。次に示す、「仕訳」のパターンと、「決算書」までどう流れていくかをイメージいただければ原理原則は理解できるので、問題ありません。

「増えた」「減った」「発生した」「消滅した」場合の「仕訳」のルール

「仕訳」とは、「すべての『取引』を左側に、右側に数字と文字とで記載して記録すること」といいました。ここでポイントとなるのが、**「左側」「右側」両方に書き、なおかつ両方の金額は一致する、という点です。**

つまり、「簿記」では1つの「取引」を2つの側面「増えた（発生した）」「減った（消滅した）」から見ていることになります。

そして、その「増えた」「減った」「発生した」「消滅した」かを右と左どちらに記入するかには、ルールがあります。そのルールは、さきほど説明した5種類の「勘定科目」の分類（資産、負債、純資産、収益、費用）ごとに決められています。

「増えた（発生した）」場合に左側に記入するものは、「資産」「費用」の科目です。逆に、これらが「減った（消滅した）」場合には右側に記入します。

一方、「増えた（発生した）」場合に右に記入するものは、「負債」「純資産」「収益」です。これらが「減った（消滅した）」場合には左側に記入します。

図2－4　仕訳のイメージ

	左 借方	右 貸方
資産	増えた ↑	↓ 減った
負債	↓ 減った	増えた ↑
純資産	↓ 減った	増えた ↑
収益	↓ 消滅した	発生した ↑
費用	発生した ↑	↓ 消滅した

最初は覚えるのが大変かもしれませんが、一度覚えてしまえば「何が増えて（発生して）、何が減った（消滅した）か？」という感覚で「仕訳」のイメージをすることができます（図2－4参照）。

「仕訳」→「決算書」にどのように集計されるかイメージしよう

「仕訳」の基本的なルールを学んだところで、具体的に「仕訳」が「決算書」にどのように集計されるのか見てみましょう。「決算書」もパズルのようにイメージで考えるとわかりやすいです。イメージすると図2－5のようになります（実

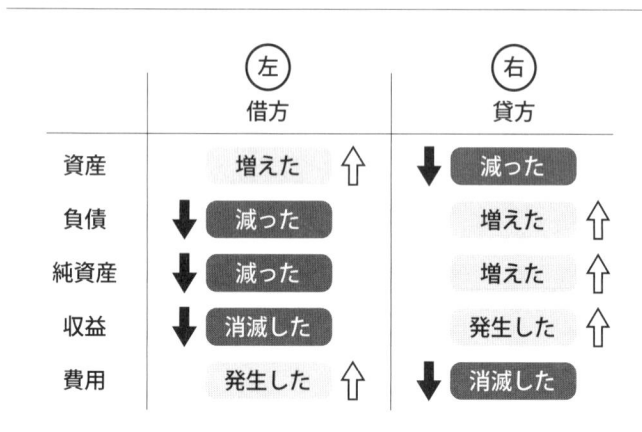

図2－5　決算書のイメージ

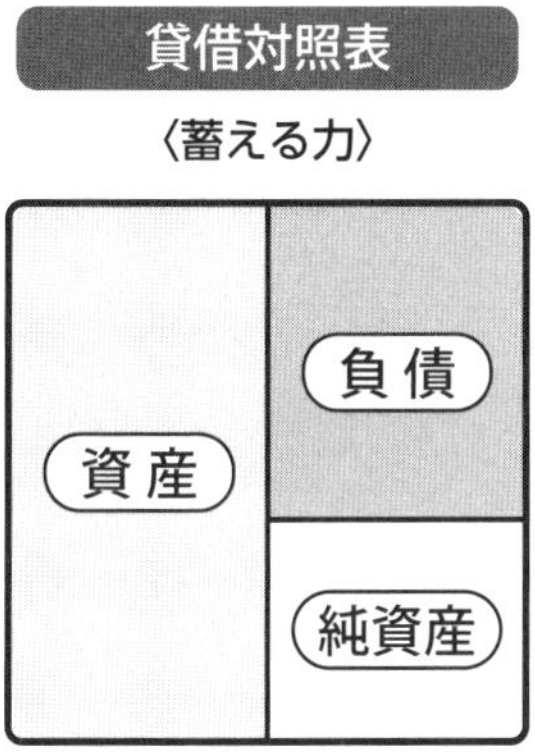

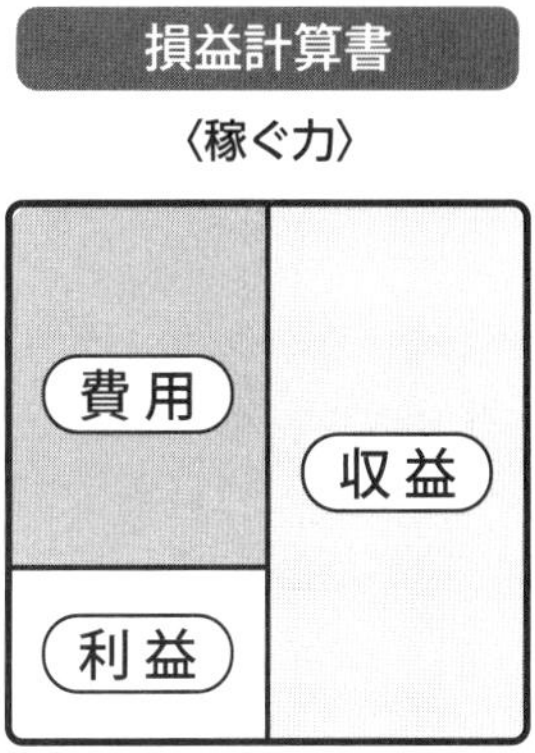

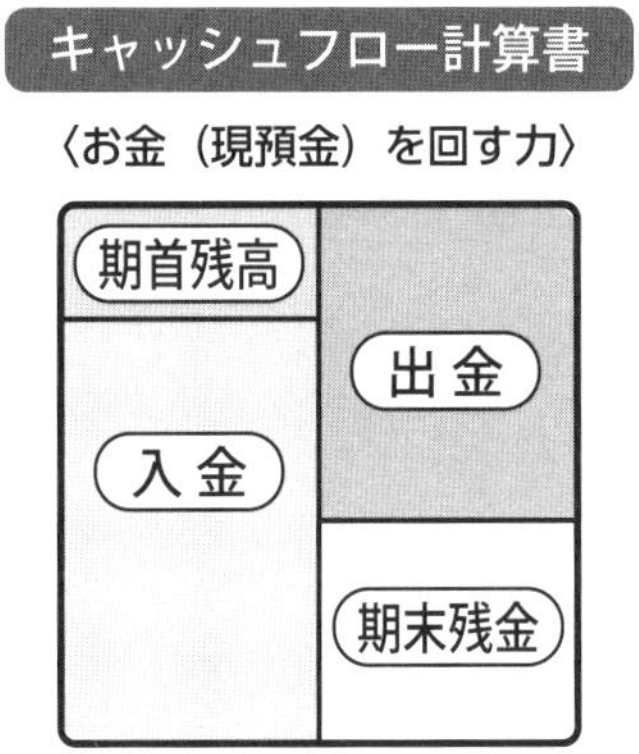

際の「決算書」はこのようにはなっておらず、文字と数字の羅列になっています。127ページ~129ページ参照)。文字と数字だけだと、その会社の特徴をパッと見てとらえることができないので、ここでは大まかな図にしています。

「仕訳から決算書」までを、具体的な会社の「取引」で学んでみよう

では、「仕訳から決算書」までを具体的な例で考えてみましょう。

パン屋さんが、原価が50円のパンを100円で売って、代金を現金で受け取ったとします。「取引」が発生したとき(パンを売り上げたとき)に、店主さんは「仕訳」をすることになります。このとき「仕訳」はどうなるでしょうか?

ポイントは、「原因と結果」です。この2つを意識して「取引」を文章にしてみると、次のようになります。

「パンをお客様に売ったことにより(原因)、現金をもらった(結果)」

まず「取引」の原因である「パンをお客様に売った」ことはパン屋さんにとってどんな変化となるでしょうか？　パン屋さんは、パンを売ることが目的です。つまり、「パンをお客様に売った」という「取引」は、会社の目的である「パンを売る」という稼ぎを出せた瞬間です。

さきほど会社が得られた稼ぎは、「勘定科目」のうち「収益」になると説明しました。つまり、この「取引」の原因は、「収益（具体的な科目でいうと売上高）」が発生したことを意味します。「収益」が発生した場合は右側（貸方）なので、右側（貸方）に「勘定科目」と数字を記入します。

借方）　○○○　○○○　貸方）売上高　100円

次に、「取引」の結果側である「現金をもらった」を考えてみましょう。パンをお客様に売った原因の結果として、文字どおり会社の現金が増えたことになりますね。現金は会社に将来的に「収益」をもたらすもの（資産）なので、増えた場合は左側（借方）に記入します。すると、次のように「仕訳」されます。

借方）現金　１００円　貸方）売上高　１００円

簡単な「仕訳」の例で考えてみましたが、どんなに複雑そうに見える「取引」でも「原因と結果」を考えて「仕訳」にしていく考え方は同じです。

「仕訳」の結果を「決算書」にパズルのように当てはめてみよう

「仕訳」を「取引」の「原因と結果」で考えてみました。ただ、慣れないうちは文字と数字だけ見ていても、それがどのように会社の数字に影響してくるのか、なかなかわかりにくいかもしれません。

そのため、とくにふだん経理の仕事をしていない人にとっては、1つひとつの「仕訳」を細かく記憶するよりは「仕訳」によって会社の数字、すなわち「決算書」にどのように影響してくるかをイメージできることが大事です。

さきほどのパン屋さんの「仕訳」を例に、「決算書」までどのように「仕訳」が流れていくのかをパズル風のイメージにしたのが図2－6です。

「取引」の原因であるパンをお客様に売ったことによる収益（売上高）と、その原価（売上原価）の発生は、会社の「稼ぐ力」を示す「損益計算書」に反映されます（A、B）。

一方、「取引」の結果である現金の増加と製品の減少は、会社の「蓄え」を示す「貸借対照表」に反映されます（C、D）。

さらに、売上によって増えたお金は一定期間の会社の「お金（現預金）を回す力」を示す「キャッシュフロー計算書」に反映されます（E）。

ここで重要なのは、「損益計算書」「貸借対照表」「キャッシュフロー計算書」は互いにつながり、連動して「売上が発生したことによって現金が増えた」ということは会社の稼ぐ力が増えたと同時に、会社の蓄え、そのうち会社の現預金が増えたことを意味します。

会社の「取引」は「仕訳」だけを見るのではなく、「決算書」までの「全体像」を**意識しながら「ここが変われば、ここも変わる」というイメージをしていきます。**

図2－6　仕訳を決算書にあてはめる

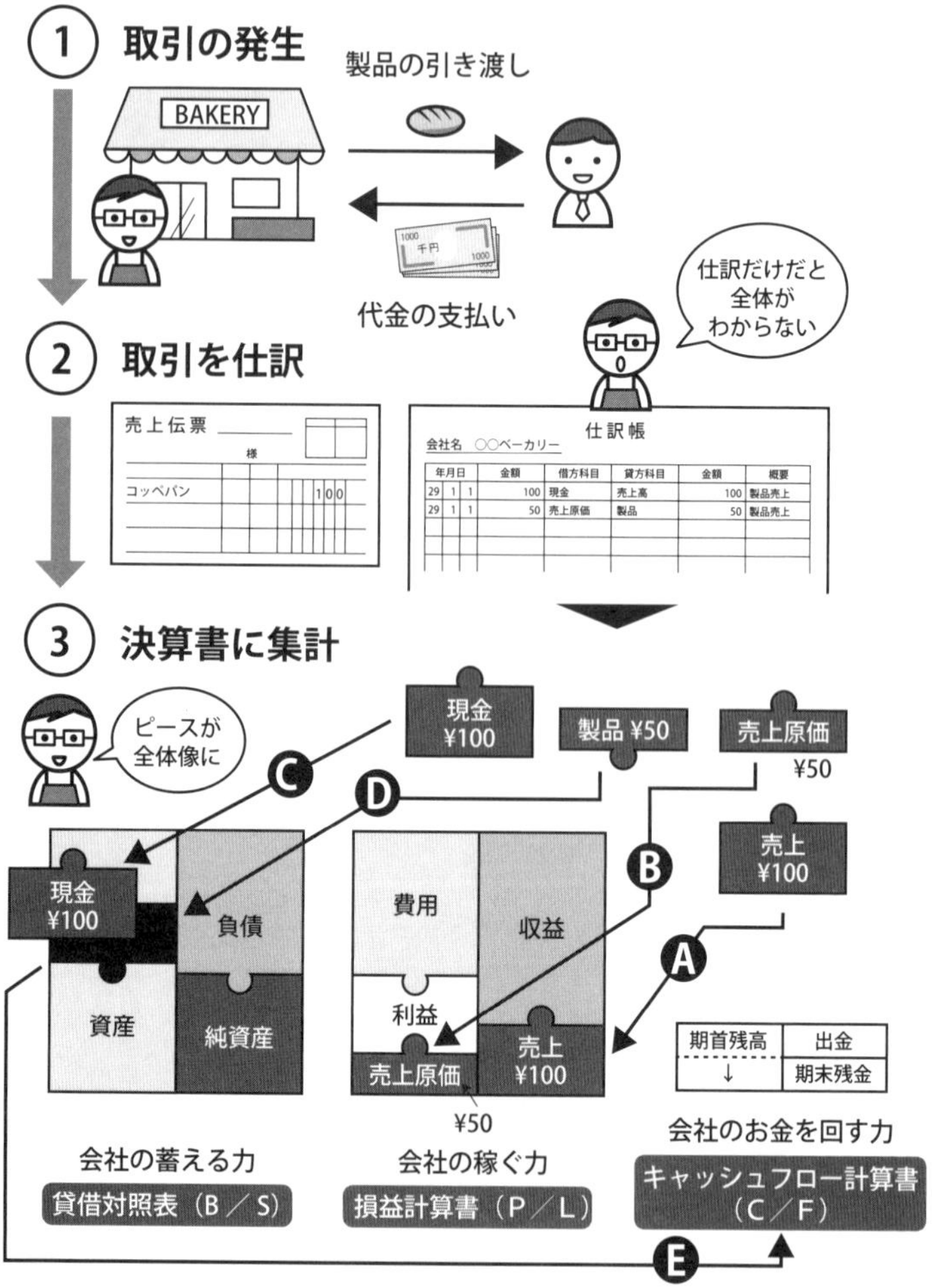

① 取引の発生
製品の引き渡し
BAKERY
代金の支払い
1000
千円
② 取引を仕訳
仕訳だけだと全体がわからない
売上伝票
様
コッペパン
100
仕訳帳
会社名　○○ベーカリー
年月日 金額 借方科目 貸方科目 金額 概要
29 1 1 100 現金 売上高 100 製品売上
29 1 1 50 売上原価 製品 50 製品売上
③ 決算書に集計
ピースが全体像に
現金 ¥100
製品 ¥50
売上原価 ¥50
売上 ¥100
C
D
B
A
E
現金 ¥100
負債
資産
純資産
費用
収益
利益
売上原価 ¥50
売上 ¥100
期首残高
出金
↓
期末残金
会社の蓄える力
貸借対照表（B／S）
会社の稼ぐ力
損益計算書（P／L）
会社のお金を回す力
キャッシュフロー計算書（C／F）

「会計」を学ぶ際に大切なのは、「目的」と「全体像」を理解することです。そのうえで「決算書」を作成する「目的」を理解し、「取引」の発生から「仕訳」「決算書」までの流れをパズルを解くようにつかめるようになると、「会計」がもっと身近に感じられるでしょう。

第3章

決算書は「目的」と「つながり」から読み解こう

Lesson 1

決算書を「読む」スキルとは？

この章では、決算書を「読む」スキルを身につけるためのポイントを説明していきます。

そもそも「決算書を読む」とは、具体的にどのようなことをいうのでしょうか？

また、「決算書を読めるようになる」と、どんなよいことがあるのでしょうか？

第2章では、3種類の「決算書」が必要な理由を説明しました。2人の家計の例で説明したとおり、「いくら稼ぐ力があっても蓄えが少ない状態」や「蓄えが多くても稼ぐ力がない状態」の生活は不安定です。同時に、お金（現預金）の使い方にも注意していかなければなりません。

これは会社も同じで、とくに経営者にはお金を「稼ぐ力」「蓄える力」「回す力」をバランスよくコントロールしていく手腕が問われます。

詳しくはのちほど説明しますが、この3つは相互に関連しており、同時に管理していかなければなりません。その手段として存在するのが、3つの力を表した「損益計算書」「貸借対照表」「キャッシュフロー計算書」という3種類の「決算書」なのです。

つまり、「決算書」が読めるようになれば、その会社の「稼ぐ力」「蓄える力」「お金（現預金）を回す力」の3つのバランスがうまく保てられているのかどうかを把握できるようになります。

数字は嘘をつかないので、口先だけの説明よりも多くを語ります。数字を読めるようになれば、表面的な説明を鵜呑《うの》みにせず自分でその会社の状態を知ることができるのです。

それぞれの「決算書」には、はっきりとした「目的」があり、さらに互いに「つながり」があって3つが一体として機能しています。

そのことを理解したうえで、**「こうなったら、こうなる」という因果関係を「決算**

書」から説明できるようになることが「数字を読むことができる」状態です。そのために、次の流れをもとに順を追って説明します。

・３種類の「決算書」の「目的」を理解する
・３種類の「決算書」の「つながり」を理解する
・３種類の「決算書」の「目的」と「つながり」を理解したうえで、「決算書」をパズルを解くような感覚（「取引から決算書」までの「全体像」を意識し、「ここが変わればここも変わる」をイメージする）で読み解く
・できあがった「決算書」を見て、「これだけは確認すべきこと」を知る

Lesson 2

3種類の「決算書」の「目的」を理解しよう

貸借対照表 〜会社の「蓄える力」と「資金を運用する戦略」〜

これから3種類の「決算書」の「目的」を理解していきましょう。それぞれの「決算書」の「目的」がわかると、会社を取り巻くお金がどのように動いているかというプロセスもイメージできます。

「貸借対照表」を作成する目的は、「今、会社にどのくらいの蓄え（純資産）があるのか」を示すことです。いわば「蓄える力」です。

会社の蓄え（純資産）は、現預金や棚卸《たなおろし》資産など、会社に将来の稼ぎをもたらす

「資産」から、借入金など会社がいずれ支払わなければいけない「負債」を差し引いて計算します。

もう1つ確認したいのは、**会社はどこからお金を調達し、どこへ運用しているのかという、いわば「資金の運用戦略」です。**

まず、図3－1の「貸借対照表」の右側を見てみましょう。「負債」の主な項目は借入金など外部から調達したお金です。一方、「純資産」の主な項目は資本金（元手となった資金）と、今までの利益の蓄積など内部で調達したお金です。つまり、「貸借対照表」の右側は「どこからお金を集めたか（会社の外部か、内部か）」を示しています。

次に、左側を見てみましょう。「資産」の主な項目は現預金、棚卸資産、固定資産などです。会社は、外部・内部から調達、または蓄積した資金を使って利益を上げるために設備投資を行うなど、さまざまな運用をします。その具体的な運用結果を示しているのが「貸借対照表」の左側部分なのです。

現預金が多い会社であれば、将来の投資に備えて資金を蓄えている可能性があります。固定資産が多い会社であれば、設備投資が将来の稼ぎを生み出すための重要な戦

図3－1　貸借対照表

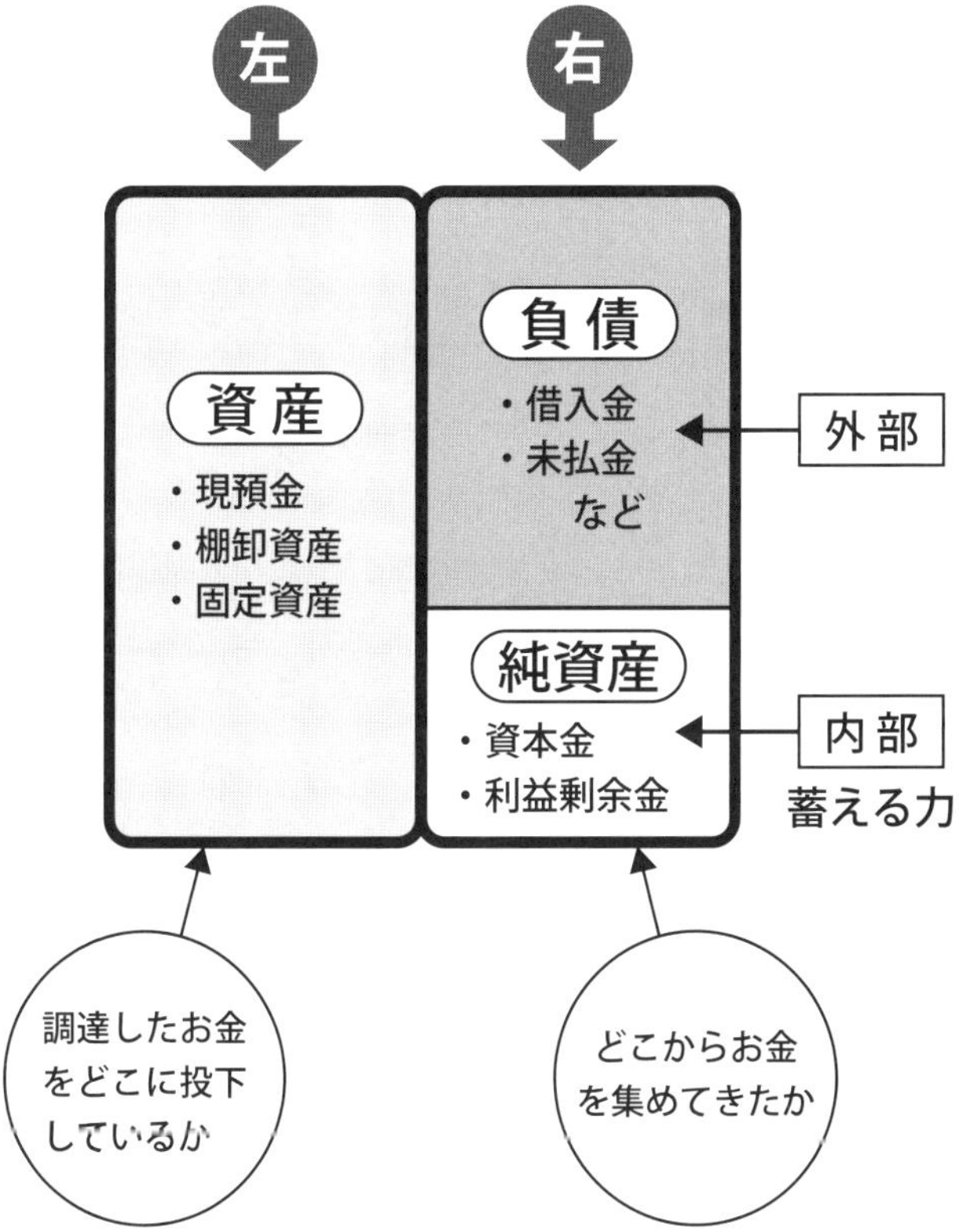
左
右
資産
・現預金
・棚卸資産
・固定資産
負債
・借入金
・未払金
など
外部
純資産
・資本金
・利益剰余金
内部
蓄える力
調達したお金をどこに投下しているか
どこからお金を集めてきたか

略である可能性があります。

このように「貸借対照表」は、会社の「蓄える力」を示す「純資産」を算定していますが、一方で「どこからお金を集め（右側）、今どこに運用しているのか（左側）」という見方もできます（図3－1）。

「貸借対照表」を見れば、「十分な蓄え（純資産）があるのか」を確認できるとともに、会社が「調達・蓄積したお金をどこに投下しているのか」といった資金を運用する戦略も見えてくる、ということはぜひ覚えておいてください。

損益計算書 ～会社の「稼ぐ力」～

「損益計算書」を作成する目的は、「会社が一定期間、どれだけ利益を上げたか」、いわば会社の「稼ぐ力」を測定するためです。

会社の稼ぎである「売上」から、その会社が負担した「費用」を差し引いて「利益」を計算します。その前提として、「売上」「費用」から誰が見ても客観的に会社の業績を判断できるように、その入出金の原因となる事実が発生したときに計算は行われます（発生主義の考え方）。

会社の「稼ぐ力」である「利益」は、その種類から大きく分けて5つに分けられます。（図3－2）。

「売上総利益」は、「売上」から「売上原価（売上に直接かかった費用）」を差し引いて求めます。「売上総利益」は会社の「売れば売るほど儲かる部分」、いわゆる「粗《あら》利《り》」を示します。「売上総利益」から「販売費及び一般管理費」を差し引いた金額が「営業利益」です。

「営業利益」は、会社の本業による「稼ぐ力」です。会社の経営者・経理担当以外のビジネスパーソンは、ここまでの数字を理解していればまず問題ないでしょう。

「営業利益」から受取利息や配当金などの「営業外収益」をプラスし、支払利息などの「営業外費用」を差し引いたものが「経常利益」です。**「経常利益」とは、いわば会社の副業（本業以外の損益）を加味した利益となります。**

「経常利益」から、固定資産を売却したときに生じた利益などの「特別利益」をプラスし、長期保有の株式を売却したときに生じた損失などの「特別損失」を差し引いたあとの利益が「税引前当期純利益」です。ここから法人税等を差し引いた金額が「損

図3－2　損益計算書が示す「稼ぐ力」である５つの利益

	売上	○○○
	売上原価	△○○○
粗利 →	売上総利益	○○○
	販売及び一般管理費	△○○○
本業による稼ぐ力 →	営業利益	○○○
	営業外収益	＋○○○
	営業外費用	△○○○
本業以外の損益を加味した稼ぐ力 →	経常利益	○○○
	特別利益	＋○○○
	特別損失	△○○○
臨時的な損益を加味した稼ぐ力 →	税引前当期純利益	○○○
	法人税等	△○○○
法人税の控除後の稼ぐ力（＝会社の最終的な稼ぐ力） →	当期純利益	○○○

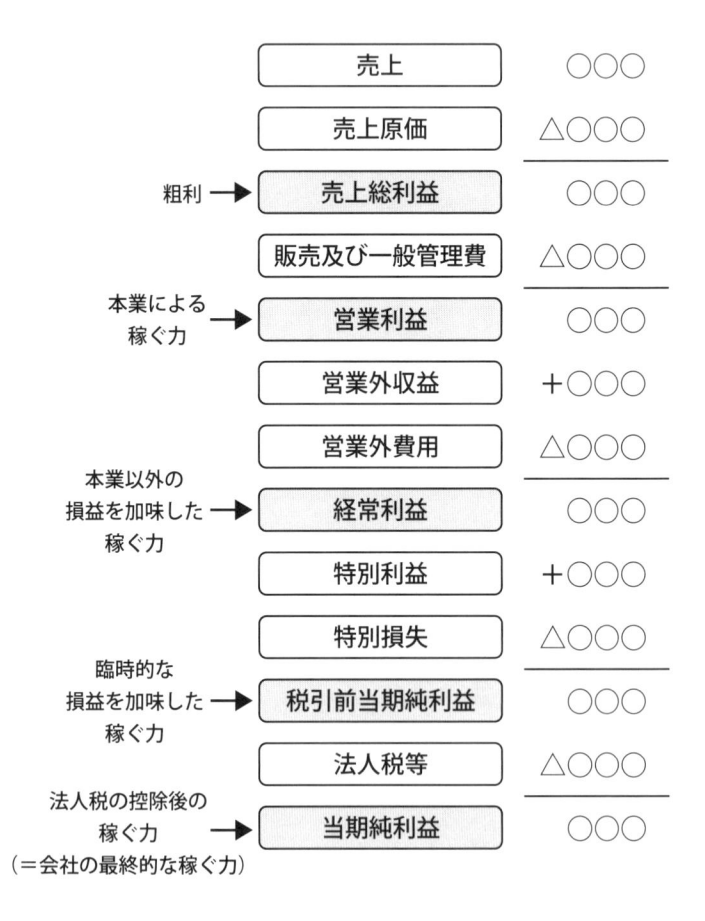

益計算書」の最終値である「当期純利益」となります。経営者・経理担当であれば、最終値の「当期純利益」までを把握することが必要です。

「損益計算書」は、このように客観的に業績を測ることに優れていますが、弱点があります。それは、最終的に計算される「利益」はいわば計算上の数値であり、増減したお金（現預金）は「損益計算書」のどこを見てもわからないということです。

会社を経営していくには、「利益」ではなく「現預金」が必要です。したがって、会社は「稼ぐ力（利益）」を上げるだけではなく、「お金（現預金）を回す力」も同時に上げていかなければなりません。

たとえば、売上は順調だけれど、売り上げたお金の回収が遅く、一方で仕入先への支払いが早い会社の場合、「稼ぐ力」はあっても「お金を回す力」は弱いといえるでしょう。

このような会社は、「利益」を出し続けていても、最悪な場合、「お金（現預金）」が回らなくなったら倒産します（利益が出ているのにお金がなくなって倒産してしまうことを「黒字倒産」と呼びます）。

図3－3　損益計算書の利益は入出金とは連動しない

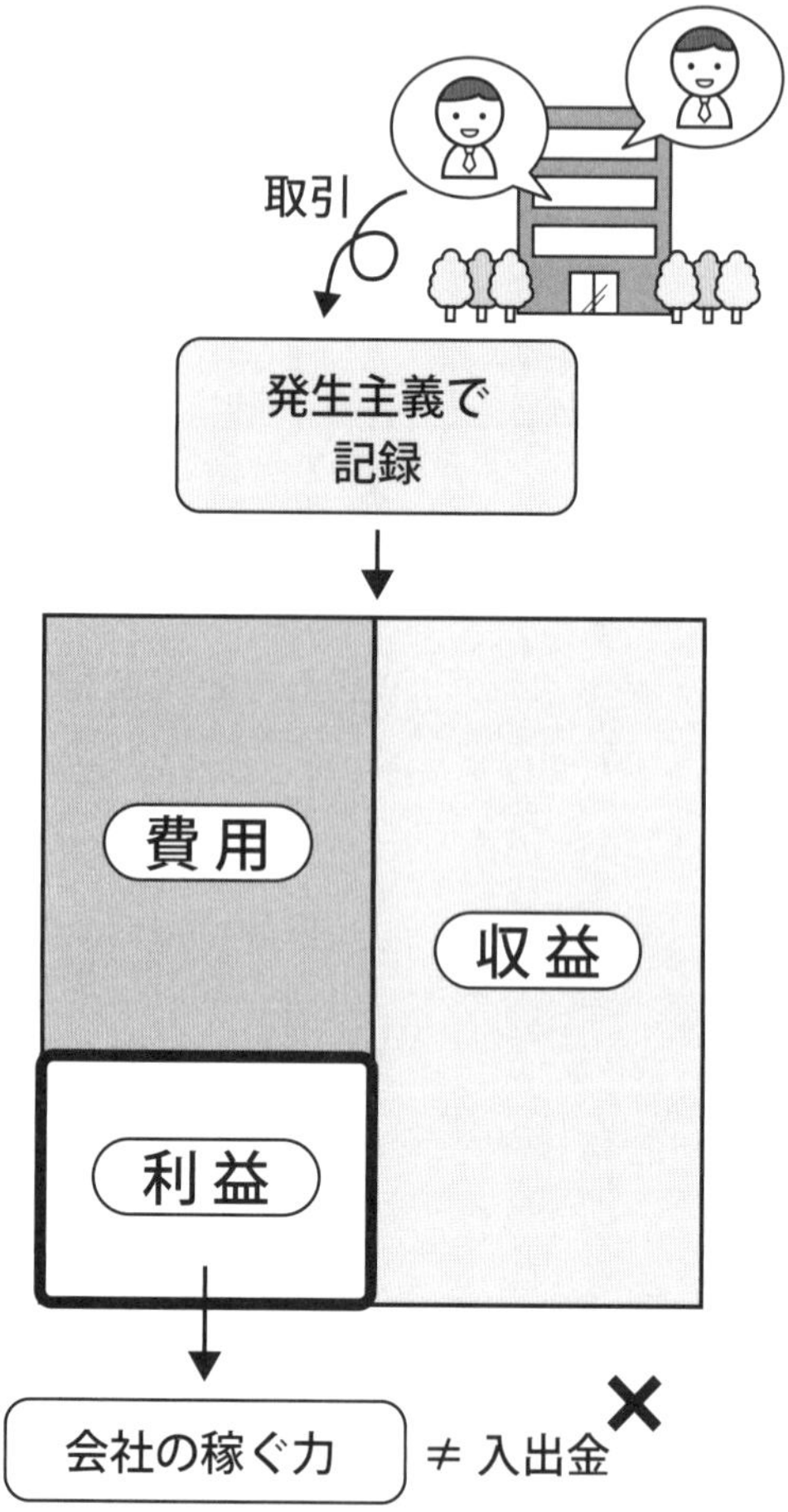

会社が健全な運営をしていくためには、「稼ぐ力（＝利益）」と「会社のお金（現預金）を回す力」は両方つけていかなければならないのです（図3－3）。「会社のお金（現預金）を回す力」を示しているのが、次に説明する「キャッシュフロー計算書」です。

キャッシュフロー計算書 ～会社の「お金（現預金）を回す力」～

「キャッシュフロー計算書」を作成する目的は、会社の「お金（現預金）を回す力」を確認するためです。

「現預金」という絶対的な存在を対象とするので、数値を多少でも盛ることはできません。いくら「損益計算書」上で利益が出ていても、うまくお金を回せていない場合には、「キャッシュフロー計算書」で明らかになってしまいます。

会社の活動の基本は、お金を集めて、集めたお金を投資し、投資したお金で利益を上げることです。「キャッシュフロー計算書」も、この3つの活動をお金（現預金）の流れから示しています（図3－4）。

図3－4　キャッシュフロー計算書

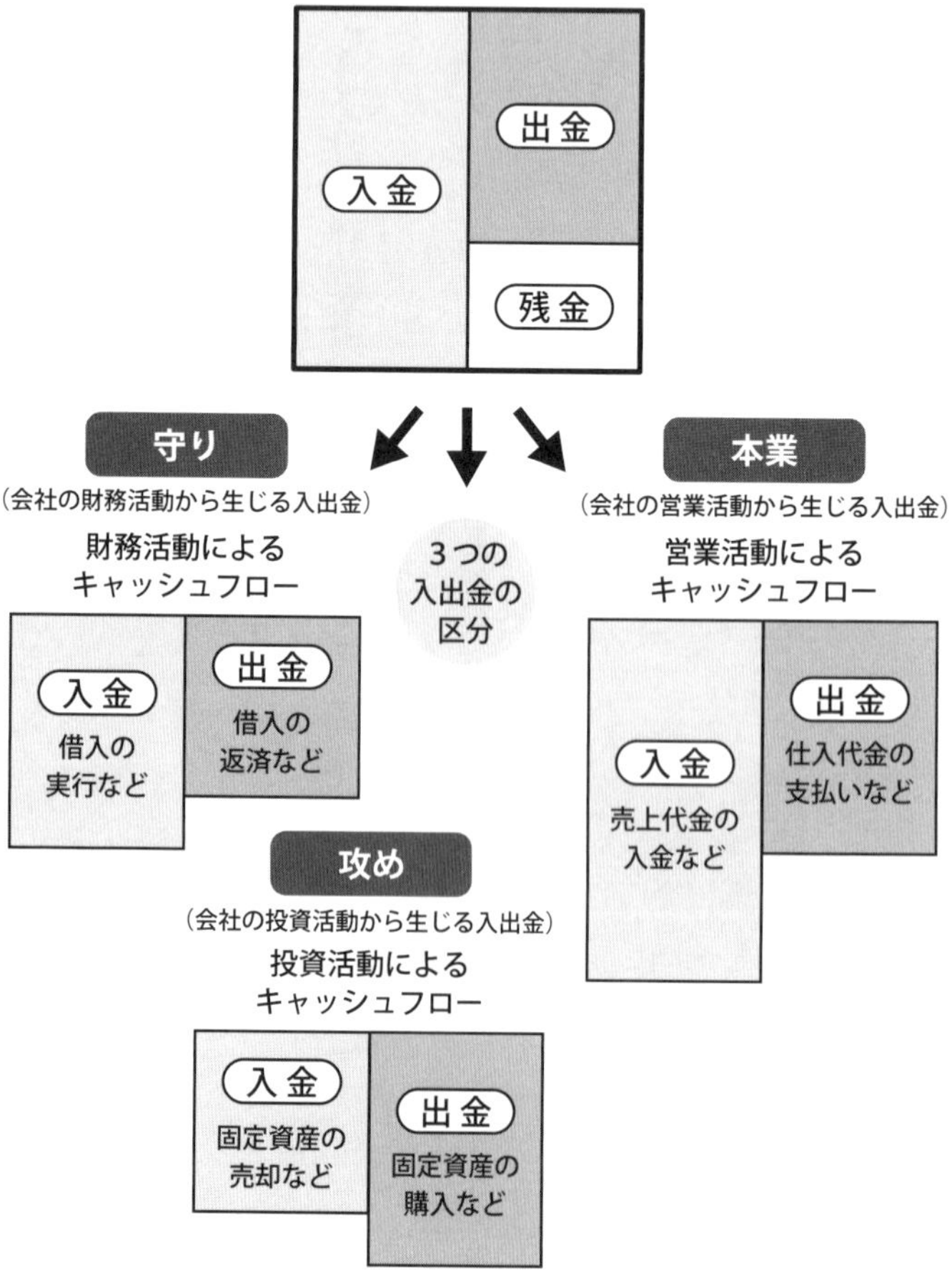

入金
出金
残金
守り
（会社の財務活動から生じる入出金）
財務活動による
キャッシュフロー
入金
借入の
実行など
出金
借入の
返済など
3つの
入出金の
区分
本業
（会社の営業活動から生じる入出金）
営業活動による
キャッシュフロー
入金
売上代金の
入金など
出金
仕入代金の
支払いなど
攻め
（会社の投資活動から生じる入出金）
投資活動による
キャッシュフロー
入金
固定資産の
売却など
出金
固定資産の
購入など

●営業活動によるキャッシュフロー

1つ目が「営業活動によるキャッシュフロー」です。会社の活動のうち、「利益を上げる」ためのお金の出入りを示しています。売上代金の入金、仕入代金の支払いなど、**会社の「本業」による入出金が該当します。**

この区分がマイナスになっている場合は、利益を上げるための本来の活動からお金を生み出せていない、ということなので相当な危機感を持ったほうがよいでしょう。

●投資活動によるキャッシュフロー

2つ目が「投資活動によるキャッシュフロー」です。**会社の活動のうち「投資」に関わるお金の出入りを示しています。**

設備投資などのいわば「攻めの」キャッシュフローです。積極的に投資活動を行っている会社は、「出ていくお金」が「入るお金」より多くなるので投資活動によるキャッシュフローは通常マイナスになります。一概にマイナスになっているほうがよいとはいえませんが、「会社の投資戦略」を判断する材料にはなるでしょう。

●財務活動によるキャッシュフロー

3つ目が「財務活動によるキャッシュフロー」です。**会社の活動のうち「お金の調達」部分に関わる入出金を示しています。**借入や配当による収入、借入の返済、配当の支払い等が該当します。いわば「守りの」お金の出入りです。

営業活動によるキャッシュフローがプラスになっていて、かつ守りを固めるためにこちらの数字がプラスになっていれば問題ありません。一方、営業活動によるキャッシュフローのマイナスを補うためにプラスになっているような状況は、本業の赤字部分を埋め合わせているかもしれないなので危険といえるでしょう。

このように「キャッシュフロー計算書」は、「本業である営業活動」「攻めの投資活動」「守りの財務活動」の3つの観点から「会社がうまく現預金を回しているか」を表しています。**「キャッシュフロー計算書」は、「貸借対照表」や「損益計算書」ではわからない、会社の生命線である「お金の動き」を知るために作成される、**ということを理解しておきましょう。

Lesson 3

3種類の「決算書」の「つながり」を理解しよう

「貸借対照表」と「損益計算書」のつながり

次は、それぞれの「決算書」の「つながり」を理解していきましょう。

「損益計算書」は、一定期間の会社の稼ぎである「収益」から、負担した「費用」を差し引いて「利益」を計算します。

一定期間の「利益」なので、次の決算がきたら、また「利益」は0（ゼロ）からのスタートになります。それでは、この一定期間、稼ぎ出した「利益」は決算が終わったあと、どこにいくのでしょうか？

このことをわかりやすく理解していくために、家庭で管理する「財布」と、預金する「銀行」の関係で説明します。

一定期間の収支は「財布」で管理し、月末の財布の残金を「銀行」に積み立てる、という人は多いでしょう。そして、その「銀行」に積み立てられたお金はそのまま貯蓄するか、株・不動産など投資に回すような場合を想像してみてください。

いったん「銀行」に積み立てられたお金が、会計でいうと「純資産」のイメージです。「貸借対照表」の右下の部分です。毎年、利益を出している会社は、基本的に一定期間の利益がどんどん「純資産」に積み上がっていき、「純資産」の厚みが増しているはずです。

「貸借対照表」と「損益計算書」は、会社のお金が動くプロセスをそのまま表しています。

さきほど、「貸借対照表」のもう1つの見方として、右側部分（お金の調達または蓄積）と左側（運用）の関係を説明しました。会社は、お金を「外部（負債）」、または「内部（純資産）」から調達・蓄積します。調達・蓄積したお金は、その後、将来お金を生み出す「資産」に形を変えますが（「貸借対照表」の左側）、このとき売上を

図3－5　会社の活動

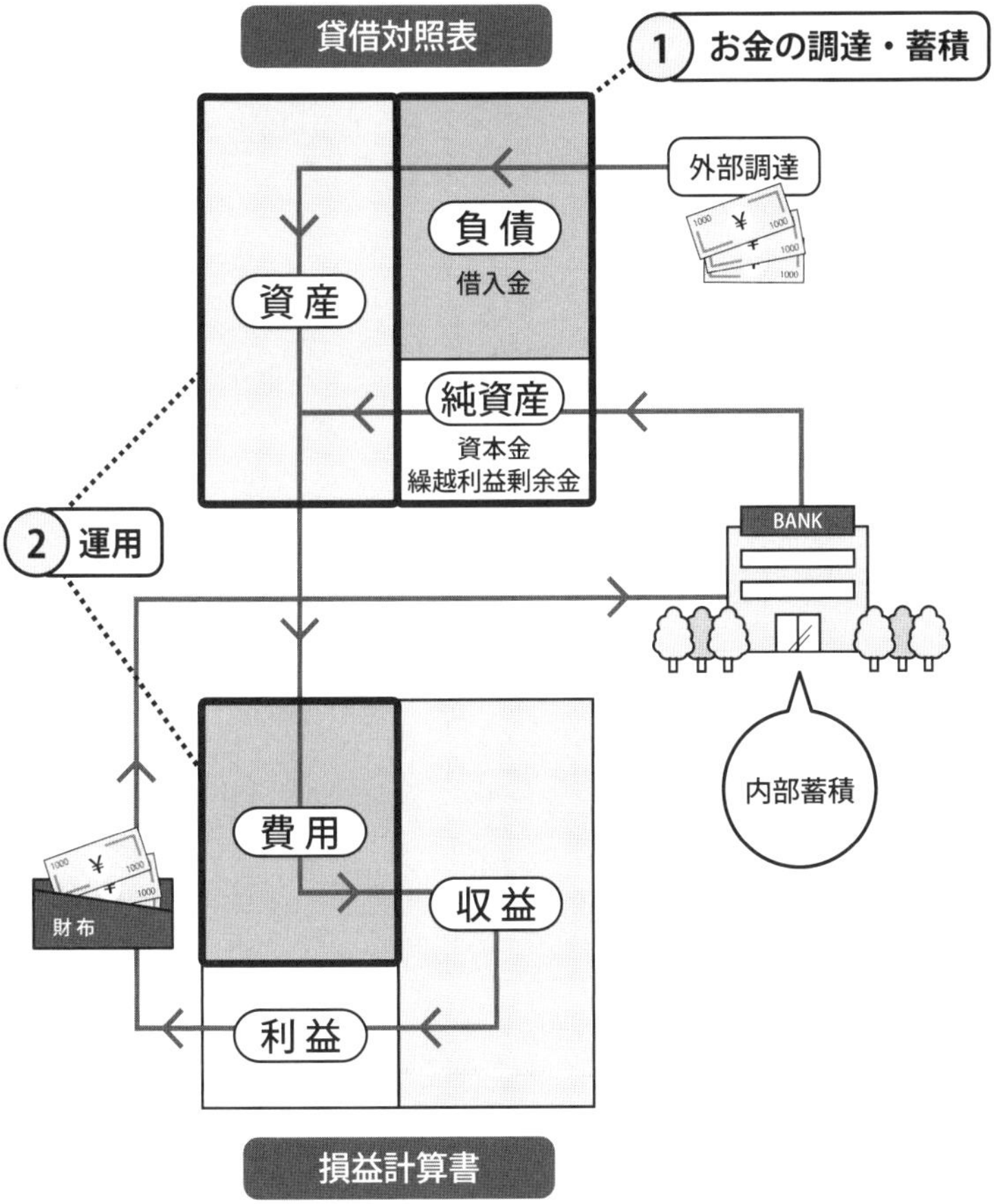
貸借対照表
1 お金の調達・蓄積
外部調達
負債
借入金
資産
純資産
資本金
繰越利益剰余金
2 運用
BANK
内部蓄積
費用
収益
財布
利益
損益計算書

生むためにも使われます（「損益計算書」の「費用」）。

会社の「売上（収益）」から「費用」を差し引いた「利益（財布の中身）」は、会社の「純資産（家計でいうと銀行）」にいったん積み立てられ、また「資産」や「費用」として運用されるという流れです。このように、「貸借対照表」と「損益計算書」は一体となり、会社の活動（資金の調達又は蓄積・運用）を再現しているのです（図3－5）。

「貸借対照表」と「キャッシュフロー計算書」のつながり

「キャッシュフロー計算書」は、「貸借対照表」や「損益計算書」の情報ではわからない「現預金の動き」を補足しています。


まず、「貸借対照表」と「キャッシュフロー計算書」のつながりを確認します。「貸借対照表」は、最終結果として一時点の会社の「蓄え（純資産）」を表しています。

同時に、「どこから資金を集めてきたか（右側の負債と純資産）」と「集めた資金は何に形を変えているか（左側の資産）」を表していると説明しました。「貸借対照表」

の左側には、「資産」の項目として現預金残高が一番上に表示されているはずです。「貸借対照表」の一定期間の末日の現預金残高と、一定期間の入出金を示した「キャッシュフロー計算書」の最終値である現預金残高は一致します。

どれだけ一定期間に現預金が増減したかは、「キャッシュフロー計算書」を見なくとも、2期分の「貸借対照表」を並べて現預金残高の差額を計算すればわかります。では、「貸借対照表」に対する「キャッシュフロー計算書」の存在意義とは何でしょうか？

奥さんが家計を握っている家庭の場合でたとえて考えてみたいと思います。ダンナさんが、家計を預かる奥さんに「今月のおこづかいが足りないので、前借りしたい」とお願いした場合、ただ残っているお金だけ示されても、「何に使ったか」がわからなければ奥さんは納得しないでしょう。もしかしたら、パチンコ代などのギャンブルに消えてしまったかもしれませんし、株の購入など投資に必要な支出があったのかもしれません。

会社も同じで「何によって現預金が入り、何に使ったか」がわからなければ、会社がうまく現預金を回しているかは把握できません。「キャッシュフロー計算書」は、

「貸借対照表」の残高の情報からは把握できない、会社の「お金（現預金）を回す力」を明らかにできるところに存在意義があるのです。

「損益計算書」と「キャッシュフロー計算書」のつながり

次に、「損益計算書」と「キャッシュフロー計算書」とのつながりを確認します。

「損益計算書」は、会社の「稼ぐ力（利益）」を、「キャッシュフロー計算書」は会社の「お金（現預金）を回す力」を示しています。

両者の大きな違いは、計算の対象です。**「損益計算書」が計算の対象としているのは「目に見えない計算上の利益」であり、「キャッシュフロー計算書」が計算の対象としているのは「実際に手もとにあるお金（現預金）」です。**

なぜ、「目に見えない計算上の利益」と「実際に手もとにある現預金」の2つを分けて別の表にする必要があるのでしょうか？　これは、第2章で説明した「発生主義」の考え方があるためです。

わかりやすくすべく、ここも家計を例に説明します。現金払いをほとんどせず、カード払いの多い家庭をイメージしてみてください。カードで生活費の支払いをしている場合、使ったときにはお金は出ていかず、後日、銀行から引き落とされることになります。

カードの支払いで予想していた以上の金額が引き落とされ、その月のやりくりが大変になってしまった経験がある方も多いのではないでしょうか。予想以上に引き落とされて、あとになってあわてないためにも、（まだ引き落とされていないけれど）計算上「いくら入り、いくら使ったか（発生したか）」と「現預金をうまく回しているか」は同時に把握する必要があります。

これは会社でも、考え方は同じです。「黒字倒産」といわれるものは、「黒字」、つまり計算上の「利益」は出ているけれども「手もとの現預金」がなくなることによって倒産してしまうという状態です。

家計と同じように、会社も計算上の「利益（稼ぐ力）」を示す「損益計算書」だけでなく、「お金（現預金）を回す力」を示す「キャッシュフロー計算書」を作成するのはこのためです。

「損益計算書」と「キャッシュフロー計算書」の一定期間の利益と現預金残高は必ずズレます。なぜなら、「損益計算書」は発生主義によって記録されますが、「キャッシュフロー計算書」は入出金があったときに記録されるからです。利益＝会社に残っている現預金ではありません。

このことを理解していないと、どんな問題があるでしょうか？　たとえば、その月の売上が順調で、利益も多く出ている会社があるとします。「損益計算書」上は、入金がなくとも利益に計上するので「儲かっている」という印象を持つかもしれません。一方、この会社の得意先の売上代金の回収条件が、売り上げた月の3か月後であったらどうでしょう？　いくらその月の売上が多くても、代金の回収が3か月後であれば、たまたま大きな支出が3か月内にあると資金繰りが行き詰まってしまうでしょう（図3－6）。

「損益計算書」だけ見て、儲かっている（＝お金がある）と早合点してしまう危険性はここにあります。「損益計算書」の利益と「キャッシュフロー計算書」の現預金のズレを理解していれば、事前に銀行から借り入れるなど対策をとることができるのです。

図3－6　資金繰りの例

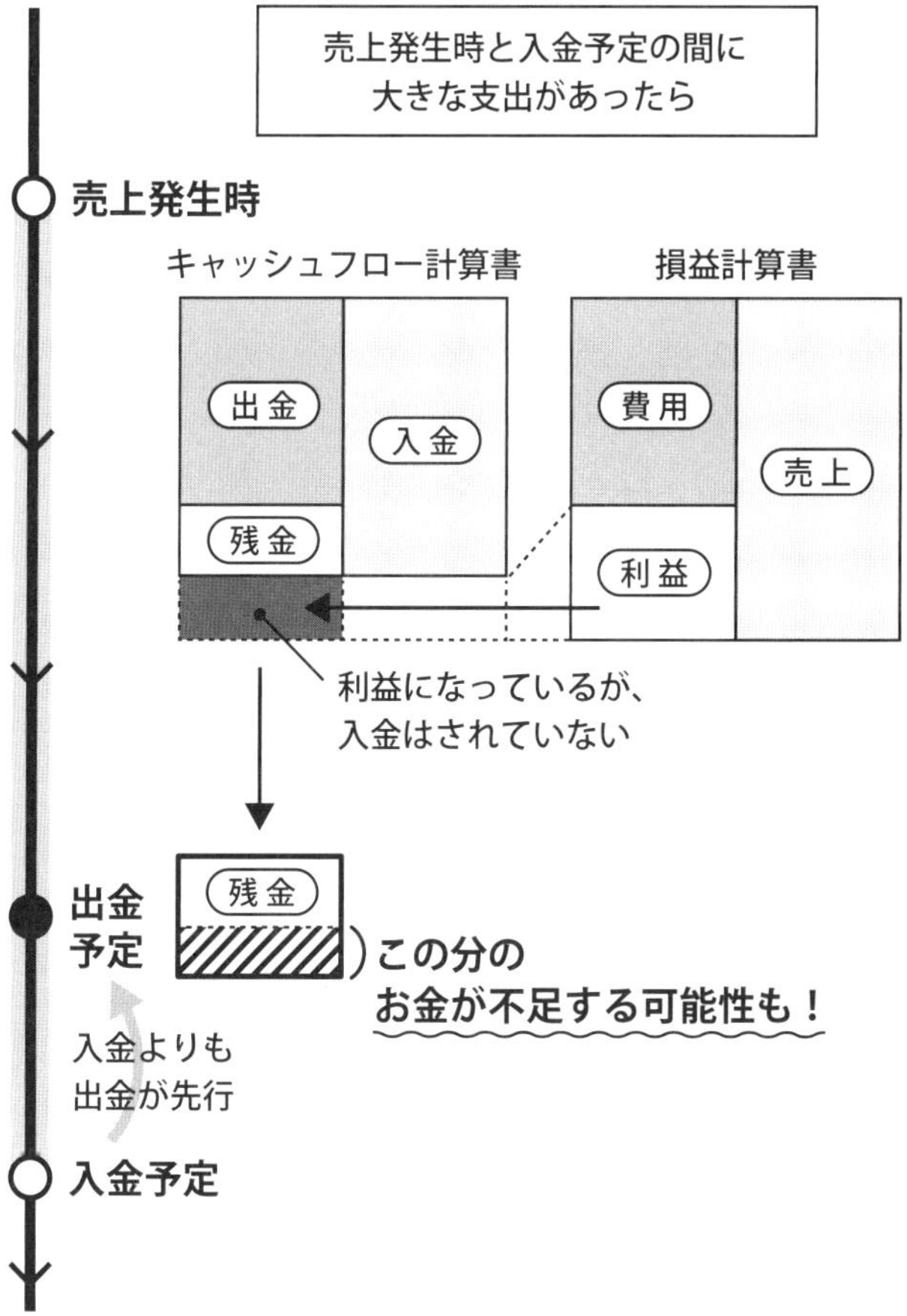
売上発生時と入金予定の間に
大きな支出があったら
売上発生時
キャッシュフロー計算書
損益計算書
出金
入金
残金
費用
売上
利益
利益になっているが、
入金はされていない
残金
出金
予定
この分の
お金が不足する可能性も！
入金よりも
出金が先行
入金予定

ここまで、「損益計算書」「貸借対照表」「キャッシュフロー計算書」の3つの「決算書」のつながりを見てきました。

「貸借対照表」と「損益計算書」は、家計でいえば「財布にあるお金（利益）」と「銀行にあるお金（純資産）」が連動していることと、会社の活動である「お金の調達または蓄積・運用」の状況を表しています。

そして、「貸借対照表」の現預金残高と「損益計算書」の利益からは読み取れない「お金（現預金）の回す力」は「キャッシュフロー計算書」を見ればわかります。

3種類の「決算書」はこのように互いに補い合って、会社の「蓄える力」「稼ぐ力」「お金（現預金）を回す力」を示し、ビジネスのお金のプロセス全体を表しています（図3－7）。

図3－7　ビジネスのお金のプロセス全体

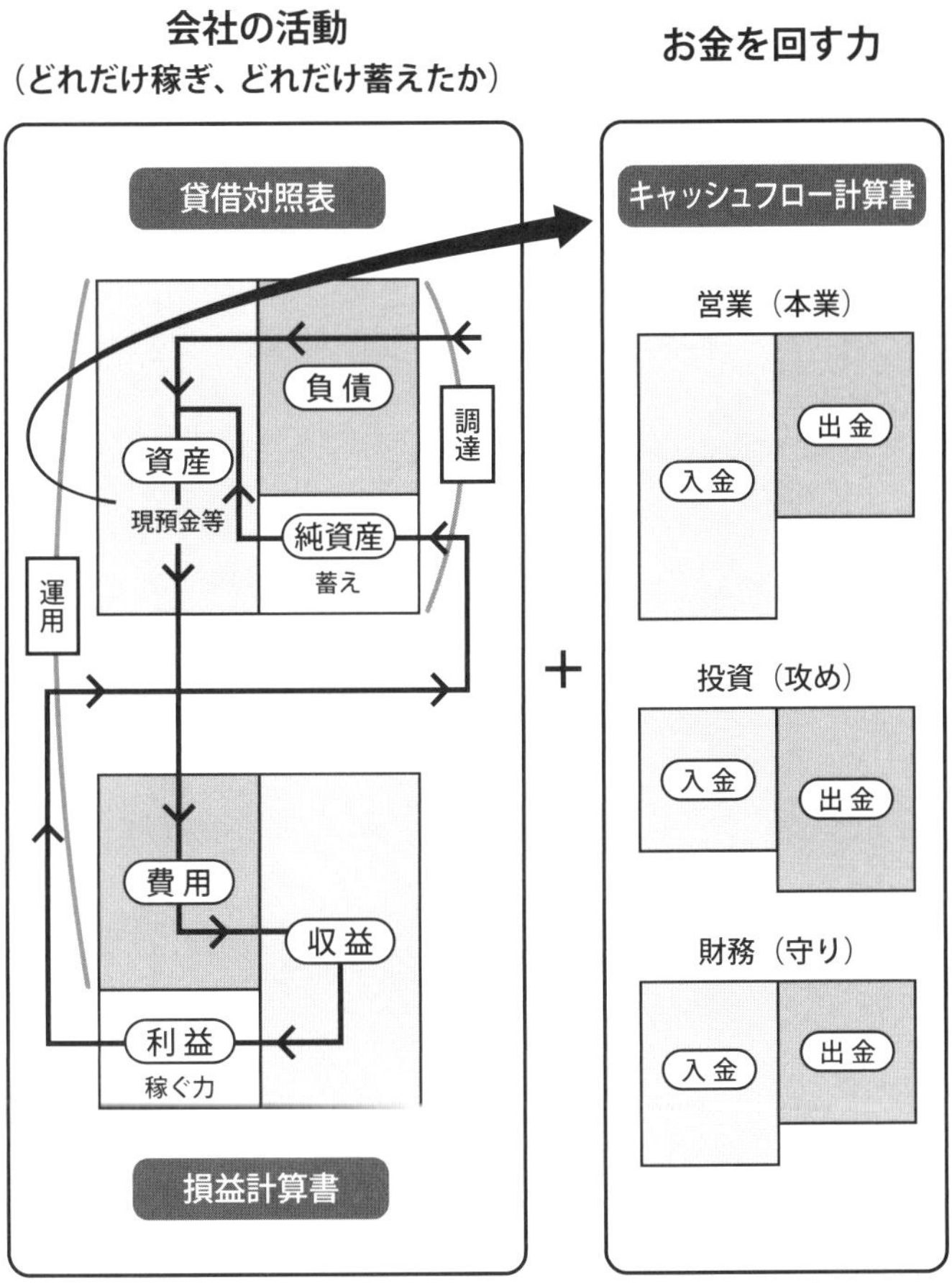

Lesson

4

「決算書」を読む練習
〜あなたが、もしパン屋さんをはじめたら〜

会社の「取引」はどのように「決算書」に反映されるのか？

3種類の「決算書」の「目的」と「つながり」をさらに理解するべく、「決算書」を実際に読む練習をしてみましょう。

ここでは、あなたがパン屋さんをはじめたケースをもとに、会社の基本的な「取引」が「決算書」にどのように反映されるのかを確認していきます。

すでにできあがった「決算書」を分析できるスキルも大事ですが、会社の「取引」が「決算書」に反映されるプロセスを、パズルを組み立てていくように学ぶことで、より仕組みが理解できるからです。

❶お金（資本金）の調達

あなたは手持ちの資金1000万円を使って、パン屋さんをはじめることにしました。まず法務局に行き、会社設立の登記をしたあと、手持ちの資金を銀行口座に振り込み、いよいよ事業スタートです。

会社を設立したあと、最初に行う会計上の「取引」は、この「お金（資本金）の調達」です。この「取引」を「仕訳」のルールに当てはめると次のようになります。

借方）現預金　1000万円　貸方）資本金　1000万円

この「取引」を、そのまま「決算書」に反映します。「資本金1000万円が増えた」という「取引」は「会社の蓄え」が増えたとともに、会社のお金の増減を示す「取引」なので、「貸借対照表」と「キャッシュフロー計算書」に数字が転記されます（図3－8）。この時点では、会社の「稼ぎ」はまだ何もないので、「損益計算書」は作成されません。

図3－8　お金を集める　～資本金の調達～

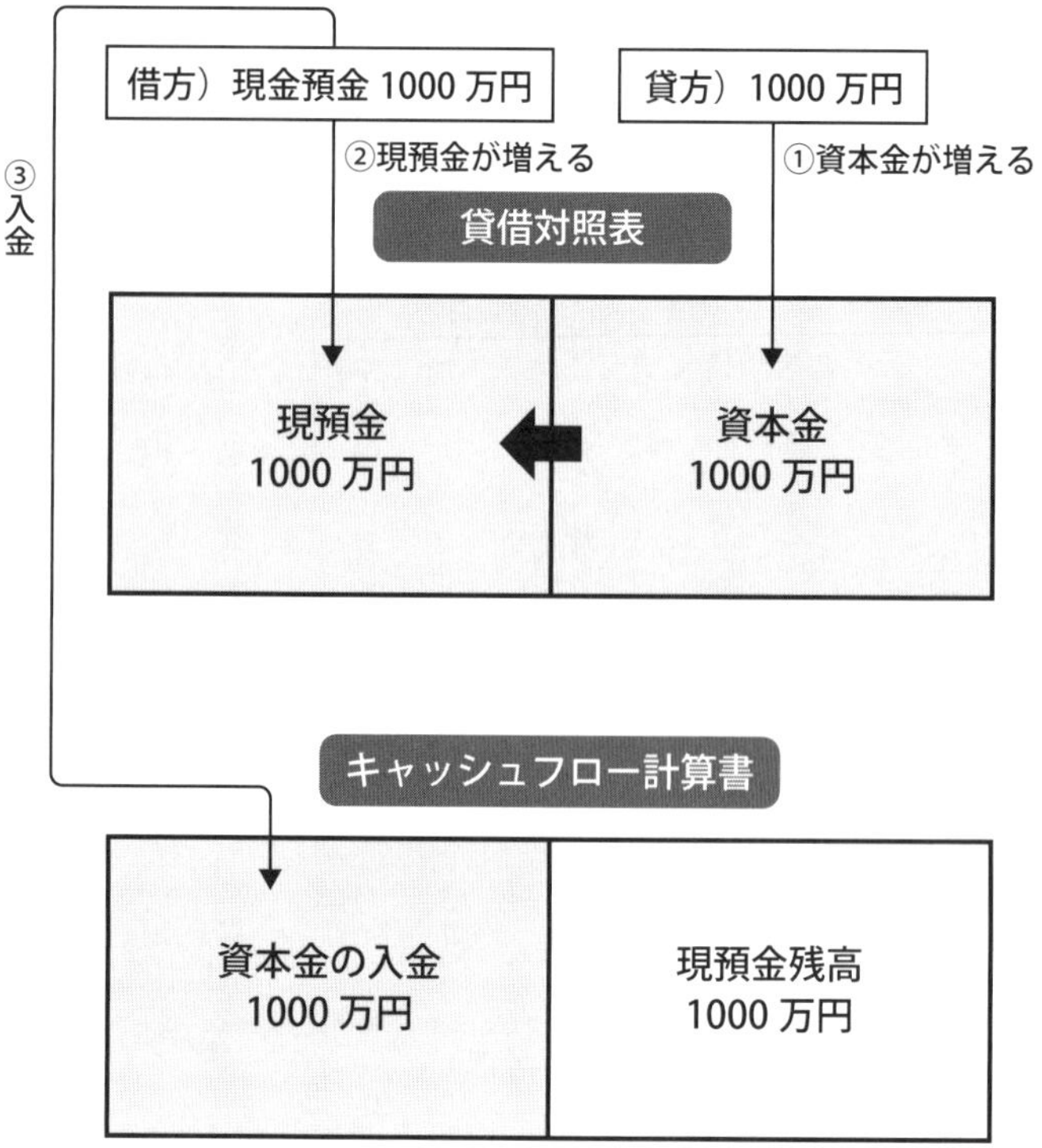

❷現預金で固定資産を買う

パンを売るためには、パンをつくる機械が必要になります。そこで、あなたはパンを焼くための業務用ベーカリーを500万円で買うことにしました。この場合、現預金という「資産」が減り、同時に固定資産という「資産」が増えたので、「仕訳」のルールに当てはめると、次のようになります。

借方）固定資産　500万円　貸方）現預金　500万円

この「取引」によって、会社の「資産」の中身が変わったとともに、会社の現預金の増減にも関わる「取引」なので、「貸借対照表」と「キャッシュフロー計算書」に数字が転記されます（図3－9）。この時点でも、会社はまだ何も稼いでいないので、「損益計算書」は作成されません（なお、この例では「減価償却」は考慮しておりません）。

図3－9　固定資産を購入する

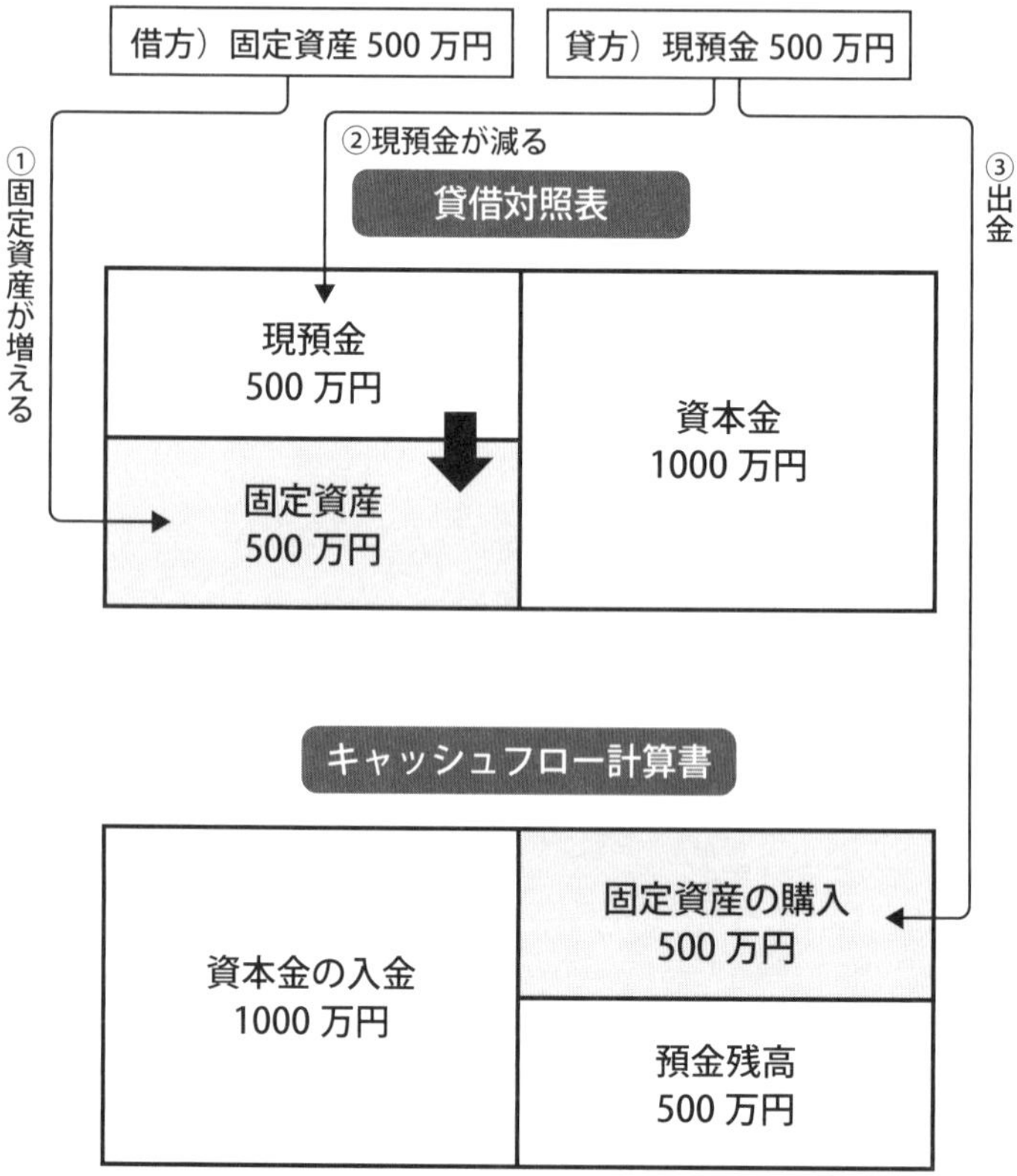
借方）固定資産 500 万円
貸方）現預金 500 万円
①固定資産が増える
②現預金が減る
③出金
貸借対照表
現預金
500 万円
固定資産
500 万円
資本金
1000 万円
キャッシュフロー計算書
資本金の入金
1000 万円
固定資産の購入
500 万円
預金残高
500 万円

❸銀行から借り入れをする

あなたはパン屋さんを経営する当面の資金を工面するために、創業支援を行っている銀行から400万円を借り入れることにしました。この場合、借入金という会社が将来返すべきもの（負債）が増え、同時に現預金という「資産」が増えるので、「仕訳」のルールに当てはめると、次のようになります。

借方）現預金　400万円　貸方）借入金　400万円

この「取引」は、会社の蓄えである「純資産（資産－負債）」の構造が変わる「取引」なので「貸借対照表」に転記します。同時に、会社の現預金が増加する「取引」なので「キャッシュフロー計算書」にも転記します（図3－10）。一方、会社の稼ぎではないので「損益計算書」には影響しません。

❹材料を仕入れる

あなたはパンをつくるための材料を150万円で現預金を支払って仕入れました

図3－10　銀行から借り入れをする

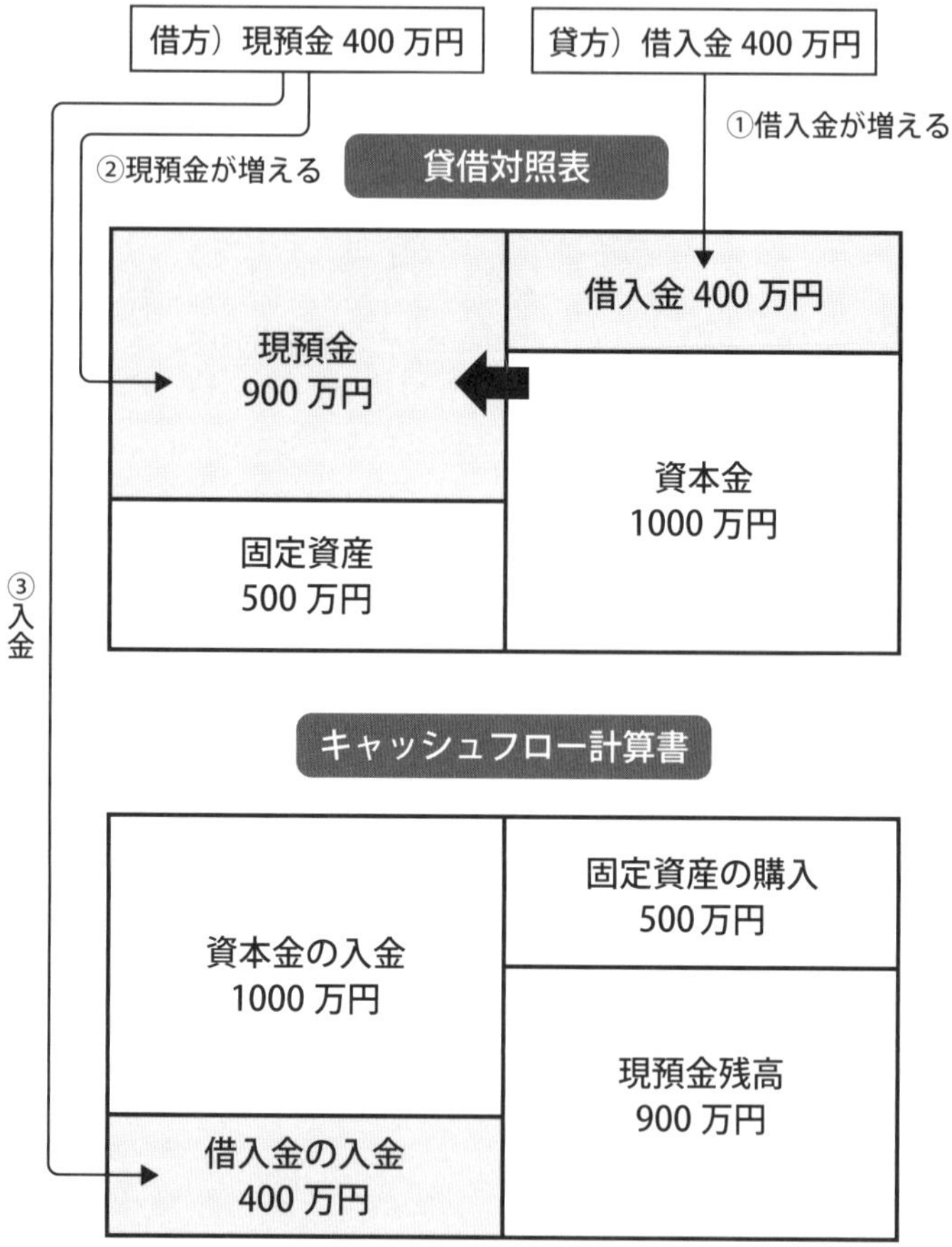

（ここでは、仕入れたものがすべて売れたものとしています）。「仕訳」のルールにあてはめると、次のようになります。

借方）仕入（売上原価）　150万円　貸方）現預金　150万円

この「取引」は、売上を上げるための会社の負担なので、「費用」として「損益計算書」に転記されます。同時に、会社の現預金が減少する「取引」なので「キャッシュフロー計算書」にも転記します（図3－11）。

❺現預金で給与その他の経費を支払う

パン屋さんの経営も順調にいき、忙しくなってきたため、あなたはスタッフを募集することにしました。幸い、すぐに応募があり、2人雇うことにしました。給料日になり、2人分の給料を支払います。家賃やその他の経費を合わせて200万円を現預金で払いました。この場合、現預金という「資産」が減り、同時に売上を上げるための負担（費用）として給与その他の経費が発生したことになります。「費用」の発生は、

図3－11　材料を仕入れる

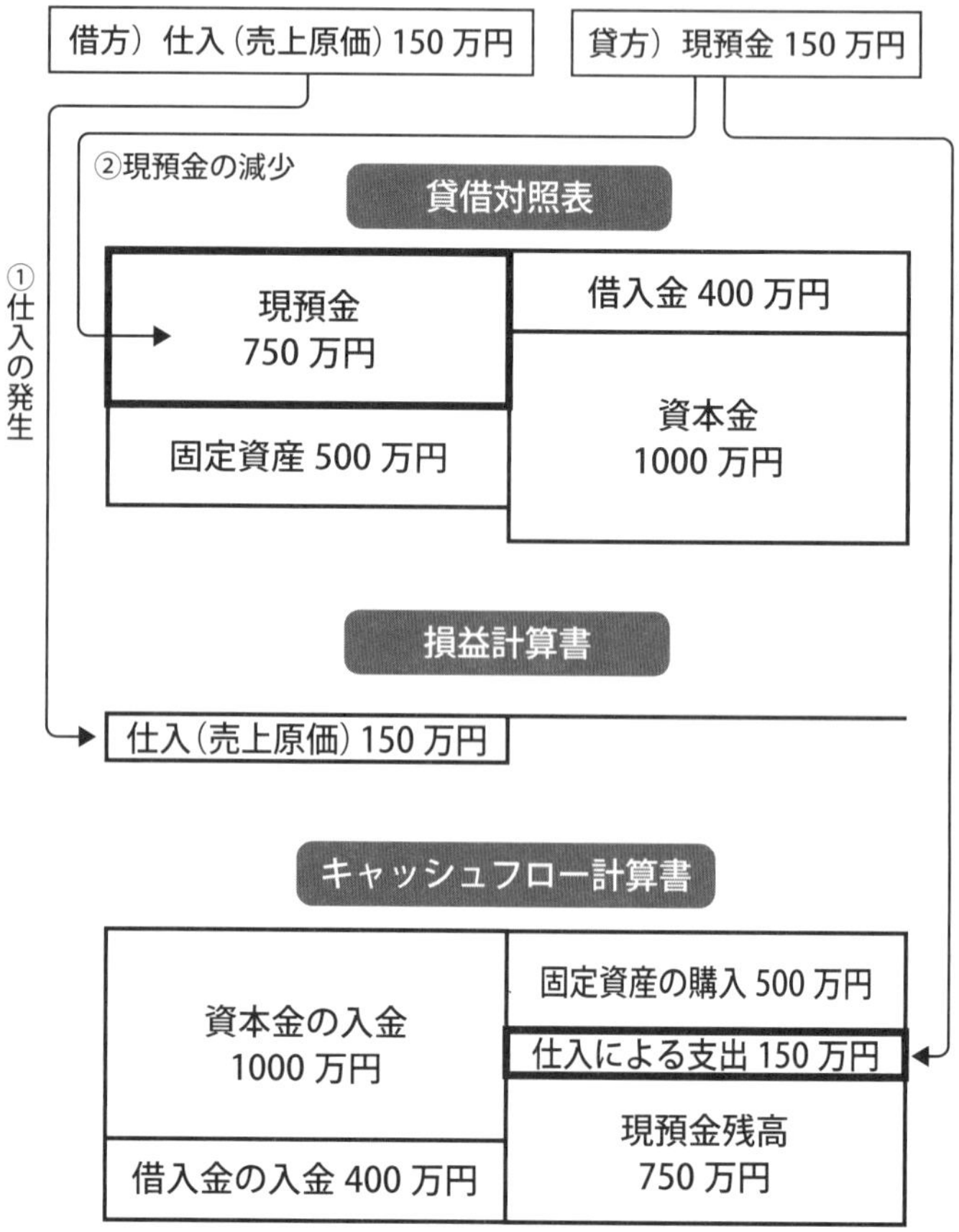

「仕訳」のルールに当てはめると左側に記載するので、次のようになります。

借方）給与その他の経費　200万円　貸方）現預金　200万円

この取引は、「会社の稼ぎ」を増やすための負担（費用）なので、「損益計算書」に転記されます。同時に、会社の「資産」である現預金が減る「取引」でもあるので、「貸借対照表」と「キャッシュフロー計算書」にも転記されます（図3－12）。

❻売上を上げる

従業員も一生懸命働いてくれて、パン屋さんの今年度の売上の合計は500万円でした。売上代金400万円は店舗での現金による売上、残額の100万円は近隣のレストランへの売上で入金は1か月後です。この場合、会社の「資産」である現預金400万円と売掛金100万円が増え、同時に会社の稼ぎである売上が500万円立つことになります。「仕訳」のルールに当てはめると、次のようになります。

図3－12　その他の経費の支払い

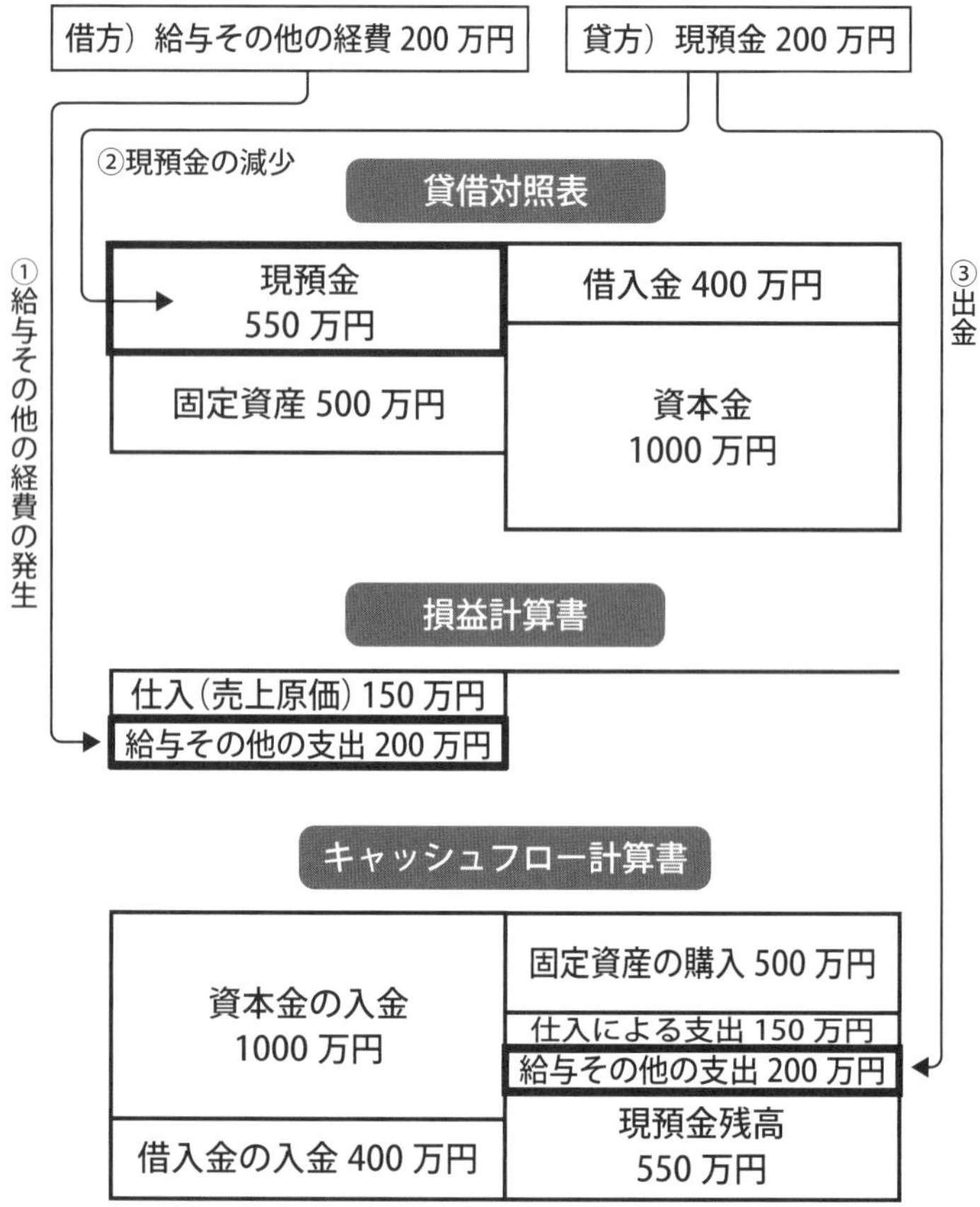
借方）給与その他の経費 200 万円
貸方）現預金 200 万円
①給与その他の経費の発生
②現預金の減少
③出金
貸借対照表
現預金
550 万円
借入金 400 万円
固定資産 500 万円
資本金
1000 万円
損益計算書
仕入（売上原価）150 万円
給与その他の支出 200 万円
キャッシュフロー計算書
資本金の入金
1000 万円
借入金の入金 400 万円
固定資産の購入 500 万円
仕入による支出 150 万円
給与その他の支出 200 万円
現預金残高
550 万円

借方）現預金　400万円　貸方）売上　500万円
売掛金　100万円

この「取引」は会社の稼ぎが増えた「取引」となるので、「損益計算書」に転記されます。同時に、会社の「資産」である現預金と売掛金が増えた「取引」なので、「貸借対照表」にも転記されます。また、会社の現預金に関わる「取引」なので、「キャッシュフロー計算書」にも入金された金額が転記されます（図3－13）。

❼決算を迎える

決算を迎えると、「貸借対照表」と「損益計算書」のつながりで見たように、「損益計算書」の一定期間の稼いだ利益は、「貸借対照表」の「純資産」に積み立てられます。会社の稼いだ利益は150万円（売上500万円－売上原価150万円－その他の経費200万円＝利益150万円）なので、この150万円が「純資産」に積み立てられます（「純資産」のうち、自分で集めた資金と区別するために「利益剰余金」という科目を使用します）。最終的な3つの「決算書」は、図3－14のとおりとなります。

図3－13　売上を上げる

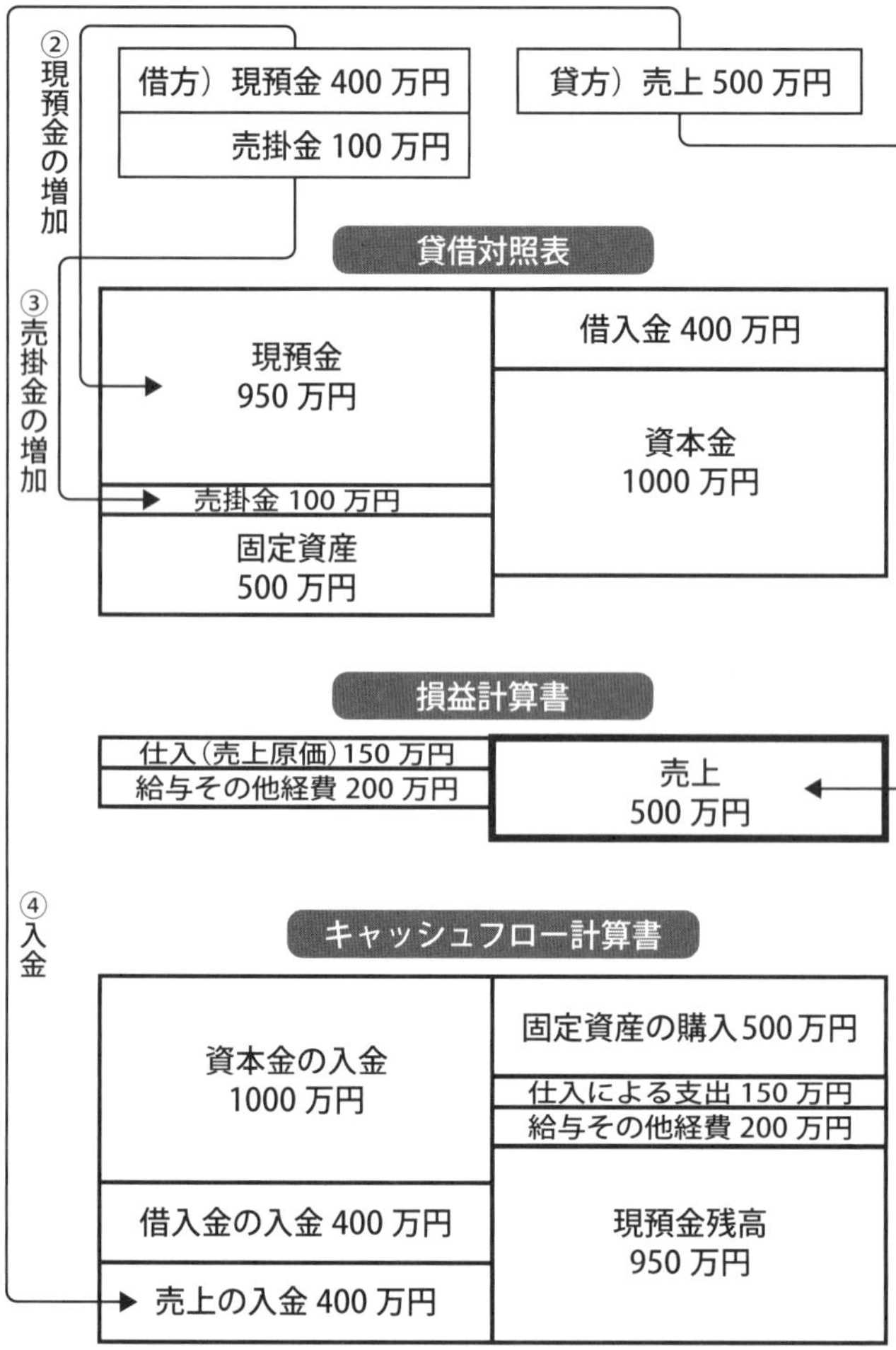

借方）現預金 400 万円
売掛金 100 万円
貸方）売上 500 万円
②現預金の増加
③売掛金の増加
①売上の発生
④入金
貸借対照表
現預金
950 万円
売掛金 100 万円
固定資産
500 万円
借入金 400 万円
資本金
1000 万円
損益計算書
仕入（売上原価）150 万円
給与その他経費 200 万円
売上
500 万円
キャッシュフロー計算書
資本金の入金
1000 万円
借入金の入金 400 万円
売上の入金 400 万円
固定資産の購入 500 万円
仕入による支出 150 万円
給与その他経費 200 万円
現預金残高
950 万円

図3－14　利益を純資産に積み立てる

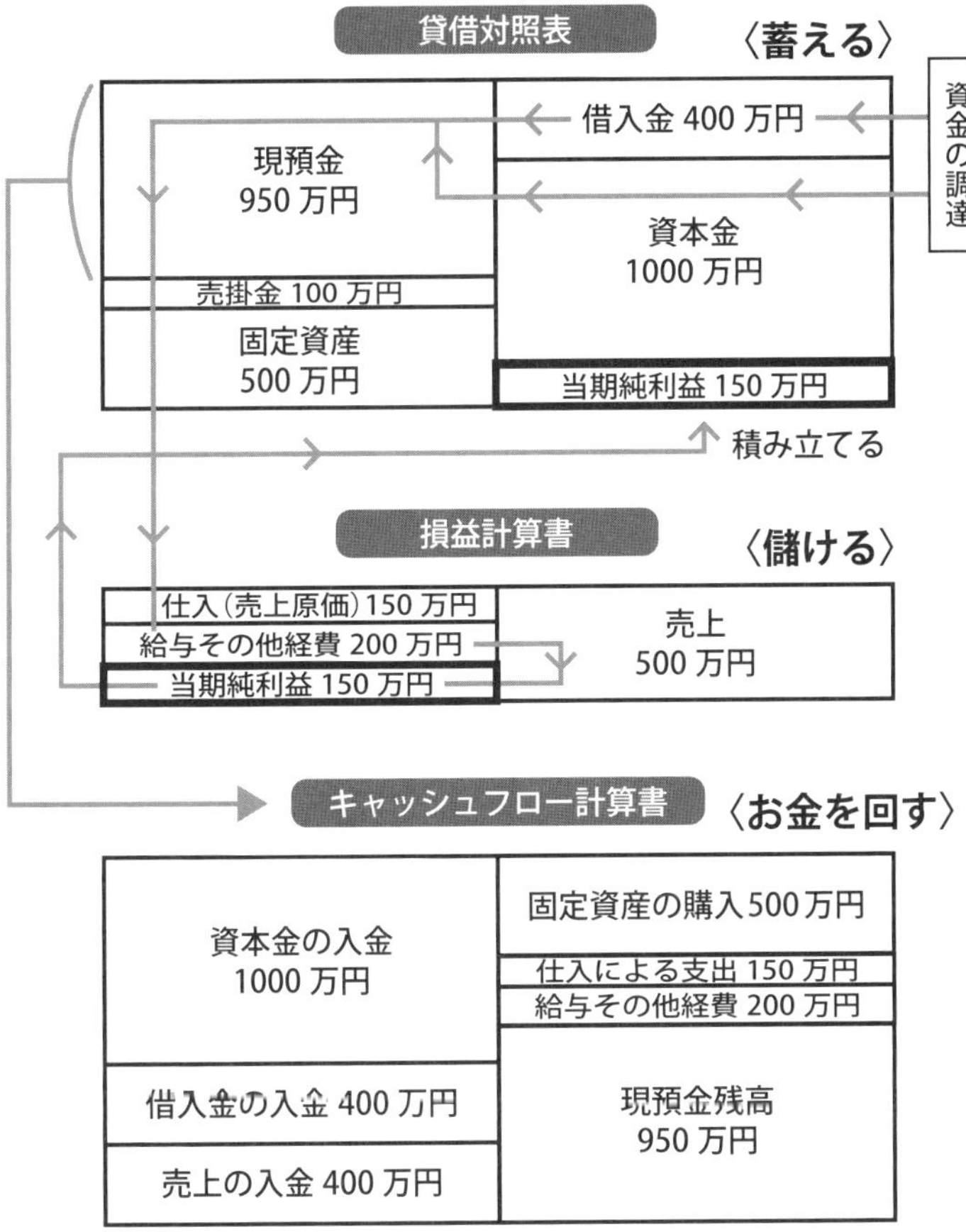

「決算書」はどのように分析すればいいのか？

ここでは、会社の「取引」がどのように「決算書」に反映されるのか、パン屋さんの経営という具体的な例をもとに確認しました。

3種類の「決算書」を通じて、資金を内部または外部から調達または蓄積し、「資産」と「費用」として運用し、利益を積み立て、資金を回していくといったビジネスのプロセスが見えてきたのではないでしょうか。

では、「決算書」は、どこを見て分析すればよいのでしょうか？　細かい分析はさておき、「ここだけは見る」というポイントを、次の順序で見ていきます。

①「貸借対照表」の「純資産」の額がプラスになっているか

「決算書」は、まず会社の蓄えを示す「貸借対照表」の「純資産」がプラスになっているかを見ましょう。

これまで説明したとおり、「純資産」は会社の「資産」から「負債」を差し引いた金額で、会社が自分で集め、蓄積してきた金額となります。具体的には、会社の元手である「資本金」とこれまで稼いできた「利益」に着目します。

極端な例ですが、「純資産」がマイナスになるケースとは、会社がどんな状況のときでしょうか？

仮に資本金1000万円のパン屋さんが、今年度は売上が上がらず、「費用」だけ1200万円かかったとしましょう。その場合、今年度の「費用」である1200万円が、そのまま「当期損失（いわゆる赤字）」となります。

つまり、期末の「純資産」は「資本金1000万円－損失1200万円＝△（マイナス）200万円」となります。このマイナス200万円の意味するところは、今ある「資産」をすべて現金化しても「負債」を返しきれない（「負債」が「資産」を上回っている）状態です（図3－15）。この状態を「債務超過」といいます。事実上の倒産といってよいでしょう。

最低限、会社が回っているかどうかを知るには、「純資産がプラスになっているか」で確認できるのです。

図3－15　債務超過（負債が資産を上回っている状態）

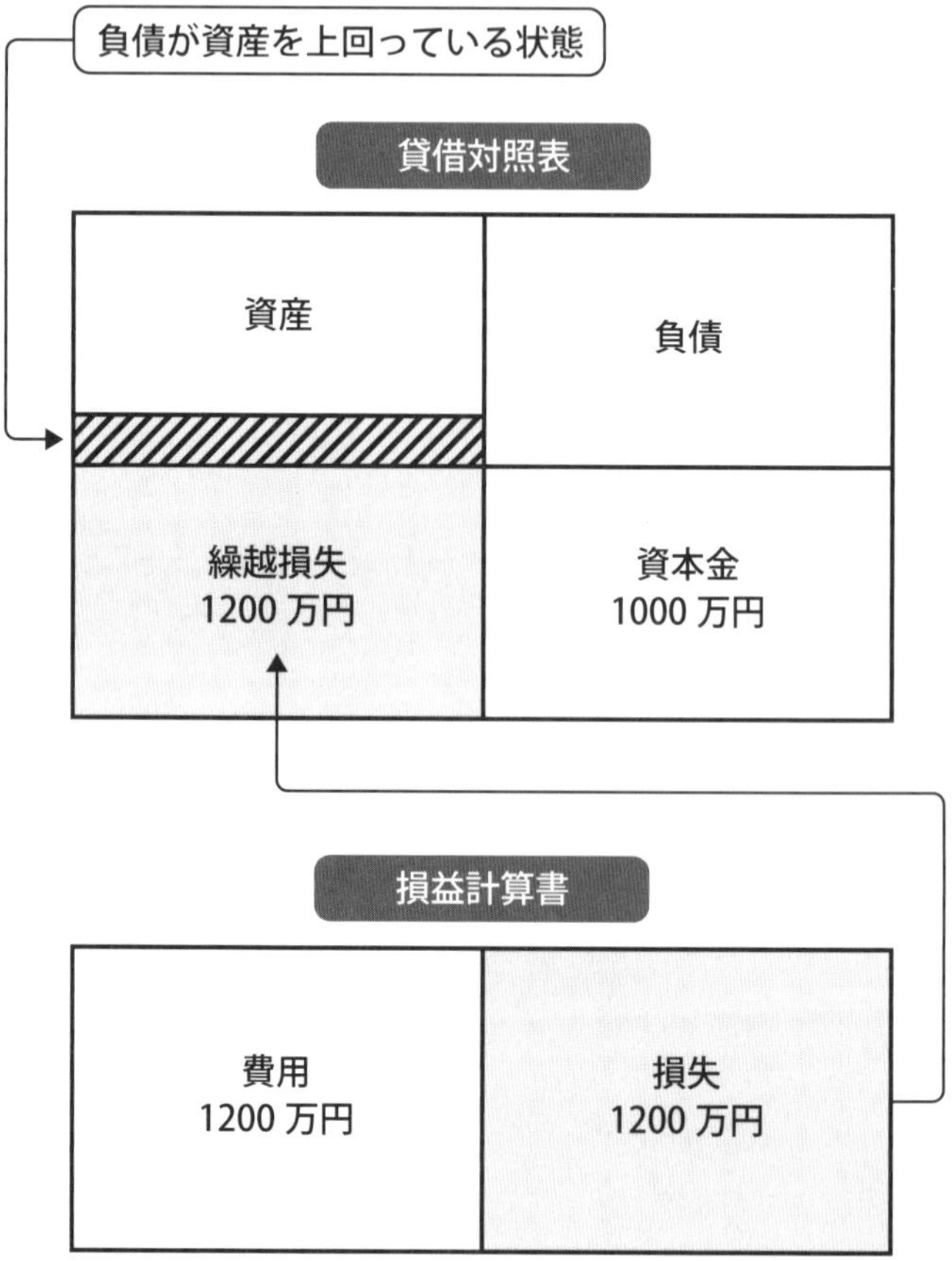

②「利益」が出ているか

会社が債務超過になっていないことを確認したら、「損益計算書」を見て「利益」が出ているかどうかを確認しましょう。

とくに重要なのは、本業の利益である「売上」から「売上原価」と「販売管理費」を差し引いた「営業利益」です。本業でマイナスが出ている状況の場合、その会社は本質的な問題を抱えている可能性があります。

③「稼ぐ力（利益）」と「調達した資金（資本金）」のバランスを見る

「貸借対照表」の「純資産」、「利益」がプラスになっていることを確認しました。次に着目するのは、「自分で集めたお金（資本金）」と「稼ぐ力（利益）」とのバランスです。このバランスを見ることで「効率よく資金を使って利益を上げているか」がわかります。

では、「自分で集めたお金（資本金）」に対して、どれくらいの「稼ぐ力（利益）」が必要なのでしょうか？

さきほどのパン屋さんを例にすると、「自分で集めたお金（資本金）」が１０００万円に対して、「稼ぐ力（利益）」は１５０万円で約15％です。

自分で調達した資金に対して、その15％の稼ぎを生み出している状態です（図３－16）。日本の中小企業の平均は、９・３４％と約１割なので（中小企業庁：平成29年中小企業実態基本調査速報調べ）、この結果は良好でしょう。この「集めたお金」と「稼ぐ力」のバランスは、経営指標で表すこともできます（「ＲＯＥ／Return on Equity」と呼びます）。

大切なのは、「**会社を経営していくには、『自分で集めたお金』を使って効率よく稼いでいるかを考えていかなければならない**」ということです。そういった視点を「貸借対照表」と「損益計算書」を見てざっくりと感じられれば十分です。

図3－16　調達した資金に対する稼ぎは？

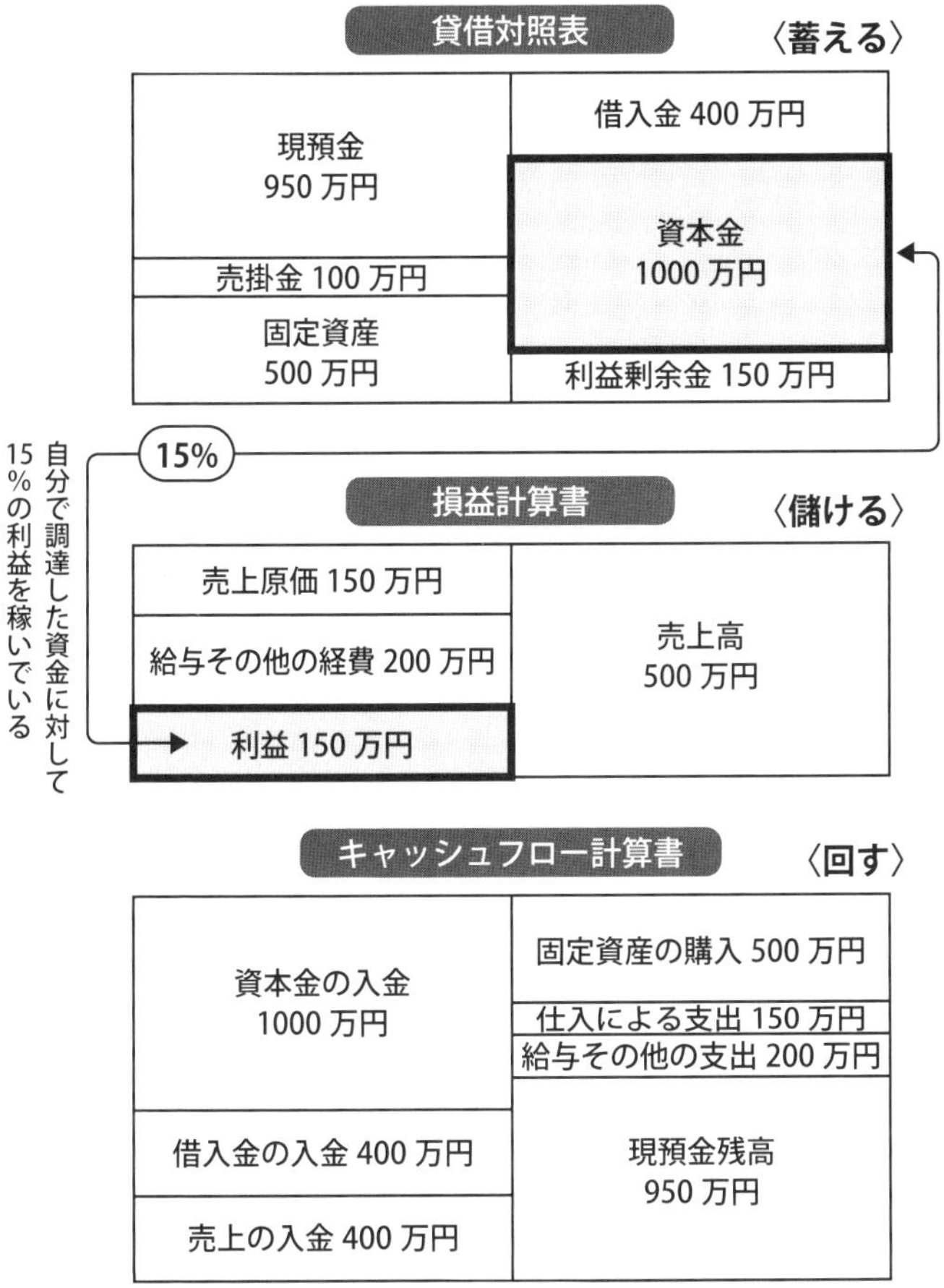

④会社に「お金（現預金）」は十分あるか

最後に確認したいのが、**会社の「現預金」**です。お金は会社の生命線ですので、いくら利益が出ていても、現預金がなくなれば、その会社はたちまち行き詰まります。まず確認するのが、**「貸借対照表」の「現預金残高」**です。こちらもほかの数字と比較して、多いか、少ないかを考えてみましょう。

たとえば、直接「現預金」と関わる大きな項目といえば、「借入金」です。「借入金」は、期日になれば必ず返済しなければならないので、「借入金」に対してどれだけの「現預金残高」があるかは必ず見ておきましょう。

パン屋さんの例では、借入金４００万円に対して、現預金残高は９５０万円でした。「借入金」よりも、「現預金残高」のほうが多い状況なので、経営は今のところ安全といえるでしょう。

現預金残高より借入金の残高が多くなっている場合でも、すぐに問題になるわけではありません。ただし、「キャッシュフロー計算書」で、借入金の返済額が全体の「お金（現預金）を回す力」の足を引っ張っていないかを確認するとよいでしょう。

次に、**「利益」と「入出金」の額に大きな乖離《かいり》はないかを確認しましょう。**前述したとおり、「利益」は発生主義にもとづいて記録されるため、「入出金」の額とは一致しません。ただ、通常の事業サイクルでいけば、さほど大きな乖離は出ません。

もし、大きな乖離が生じている場合には、その原因を「キャッシュフロー計算書」で確認します。会社の「お金（現預金）を回す力」で一番押さえておきたいのが、**この営業活動による資金繰りがうまくいっているかどうか**です。

さきほどのパン屋さんの例で見てみましょう。利益は150万円、現預金残高は950万円で現預金のほうが多い結果となりました。その原因を見ていきます。

まず売上のうち、レストランへの売上100万円は掛け取引であるため、発生主義の考え方で利益にはなりますが、入金になっていません（図3-17の右側の1番上のボックス）。この点はレストランと交渉して、掛け取引ではなく現金回収できないか対策の余地はあるでしょう。

図3－17　利益と現預金のズレ

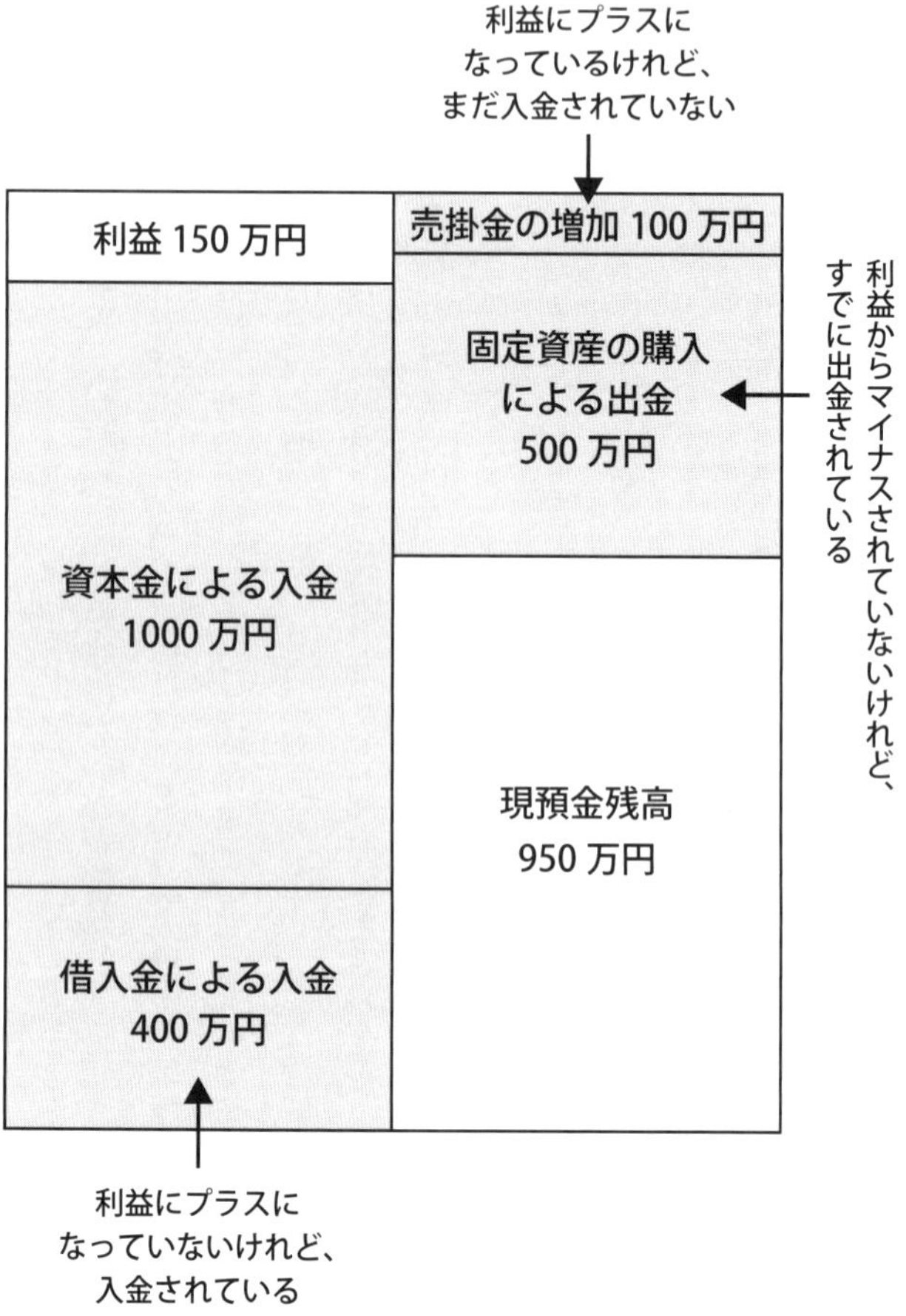
利益にプラスに
なっているけれど、
まだ入金されていない
利益 150 万円
売掛金の増加 100 万円
固定資産の購入
による出金
500 万円
利益からマイナスされていないけれど、
すでに出金されている
資本金による入金
1000 万円
現預金残高
950 万円
借入金による入金
400 万円
利益にプラスに
なっていないけれど、
入金されている

次に、「損益計算書」の利益とは関係ない、資本金の調達による入金1000万円、借り入れによる入金400万円（図3－17の左側のボックス）、固定資産の購入による出金500万円（図3－17の右側の2番目のボックス）があります。

これらを調整すると、「利益150万円－売掛金の増加100万円＋資本金1000万円＋借入金400万円－固定資産購入500万円＝950万円」と「現預金残高」と一致します。

利益が出ているのに会社の現預金が大幅に減っている、逆に利益が出ていないのに会社の現預金が大幅に増えている、そういった原因を突きとめられるのが「キャッシュフロー計算書」です。

ここで大切なのは、**「会社の現預金が十分にあるのかを確認すること」と「利益と現預金のズレの原因を理解して会社のお金の回し方の特徴をつかむこと」**です。

3種類の「決算書」は大きなピースごとに分類して、俯瞰《ふかん》して「全体像」をとらえることが大事です。ここでは、3種類の「決算書」の「目的」と「つながり」を意識して、パズルを解くような感覚で読む練習をしました。

いきなり3種類の「決算書」を見ても、それぞれの決算書の作成する「目的」と、相互の「つながり」を理解していなければ、頭に入ってきません。

そこで、「決算書」の成り立ちを理解してもらうために、あえて決算書を「つくる」ための「簿記」の「仕訳」のルールを決算書にそのまま流し込むことによって、会社のビジネスのプロセスと3つの決算書の「つながり」を体感していただきました。3種類の「決算書」が一体となって会社の活動を表していることを視覚的に理解するためにです。

また、できあがった決算書の「ここだけは見ておく」というポイントについても解説しました。経営指標は、なかなか頭に入ってこないので、「決算書」の数値はまず絶対値で感覚的に見ていただくのが一番だと思います。そういった「あたり」をつけたうえで、詳しい分析に入るほうが、より深く詳しく「決算書」についてわかるはずです。

なお、この章では「決算書」をパズルに見立てて簡易的に表していますが、最後に実際の「決算書」のフォーマットも紹介しておきます（図3－18）。

図3－18 実際の決算書

損益計算書

（自　平成○年×月×日　　至　平成○年×月×日）

（単位：円）

科目	金額	
売上高		****
売上原価		****
売上総利益		****
販売費及び一般管理費		****
営業利益		****
営業外収益		
受取利息	****	
・	・	
・	・	
・	・	****
営業外費用		
支払利息	****	
・	・	
・	・	
・	・	****
経常利益		****
特別利益		
固定資産売却益	****	
・	・	
・	・	****
特別損失		
有価証券売却損	****	
・	・	
・	・	****
税引前当期純利益		****
法人税、住民税及び事業税		****
当期純利益		****

貸借対照表

(平成○年×月×日　　現在)

(単位：円)

科目	金額	科目	金額
(資産の部)	****	**(負債の部)**	****
流動資産	****	**流動負債**	****
現金及び預金	****	買掛金	****
受取手形	****	短期借入金	****
売掛金	****	未払金	****
商品	****	未払費用	****
・	・	・	・
・	・	・	・
・	・	**固定負債**	****
・	・	長期借入金	****
固定資産	****	・	・
有形固定資産	****	・	・
建物	****		
構築物	****	**負債合計**	****
機械及び装置	****		
車両及び運搬具	****		
工具、器具及び備品	****	**(純資産の部)**	
・	・		
・	・	**株主資本**	****
		資本金	****
無形固定資産	****	**資本剰余金**	****
ソフトウェア	****	資本準備金	****
・	・	その他資本剰余金	****
・	・		
		利益剰余金	****
投資その他の資産	****	その他利益剰余金	****
投資有価証券	****	繰越利益剰余金	****
関係会社株式	****		
・	・	**自己株式**	****
・	・		
・	・	**評価・換算差額等**	****
・	・	**その他有価証券評価差額金**	****
・	・		
		純資産合計	****
資産合計	****	**負債・純資産合計**	****

キャッシュフロー計算書（間接法）　（単位：円）

自　平成○年×月×日　至　平成○年×月×日

Ⅰ.　営業活動によるキャッシュフロー	
税引前当期純利益	＊＊＊＊
減価償却費	＊＊＊＊
売掛金の増減額	＊＊＊＊
棚卸資産の増減額	＊＊＊＊
買掛金の増減額	＊＊＊＊
貸倒引当金の増減額	＊＊＊＊
受取利息及び受取配当金	▲＊＊＊＊
支払利息	＊＊＊＊
その他の資産の増減額	＊＊＊＊
小計	＊＊＊＊
利息及び配当金の受取額	＊＊＊＊
利息の支払額	▲＊＊＊＊
法人税等の支払額	▲＊＊＊＊
営業活動によるキャッシュフロー	＊＊＊＊
Ⅱ.　投資活動によるキャッシュフロー	
有形固定資産の取得	▲＊＊＊＊
投資有価証券の売却	＊＊＊＊
投資活動によるキャッシュフロー	＊＊＊＊
Ⅲ.　財務活動によるキャッシュフロー	
借入金の返済	▲＊＊＊＊
株式発行による調達	＊＊＊＊
財務活動によるキャッシュフロー	＊＊＊＊
Ⅴ.　現金及び現金同等物の増加額・減少額(△)	＊＊＊＊
Ⅵ.　現金及び現金同等物期首残高	＊＊＊＊
Ⅶ.　現金及び現金同等物期末残高	＊＊＊＊

第4章

「決算書」と「税金」の切っても切れないつながり

Lesson 1

数字を「報告する」スキルにまつわる5つのこと

この章では、数字を「報告する」ことについて説明します。

会社で「数字の報告」に主に関わるのは、経営者、経理担当です。ただし、経理以外のビジネスパーソンも、ここに書かれていることを知っておけば、「経営に関わる基礎知識」として役立ちます。

とくに「税務署に対する数字の報告」、すなわち「税金の計算」は金額も大きく、会社の経営に影響をおよぼすことなので、基本的な仕組みは知っておきたいところです。

そこで、「数字の報告」で、これだけは知っておきたい次の基本事項を見ていきます。

- なぜ、数字を「報告する」ことが必要なのか？
- 会社にかかる税金の種類
- 「決算書」と「法人税の計算」の目的の違い
- 節税の仕組みを知ろう
- 有効な節税に必要な視点

Lesson 2

なぜ、数字を「報告する」ことが必要なのか？

経営者、経理担当は、「簿記」の技術を使ってつくった「決算書」の数字を利害関係者に「報告するスキル（財務会計）」が必要だという話をしました。

数字を報告する手段は、上場会社の場合であれば「決算短信」や「有価証券報告書」、非上場会社であれば「決算公告」、そしてほとんどの会社が銀行や税務署に提出するものが「決算書・申告書」です。

それではなぜ、会社は利害関係者に「数字を報告する」必要があるのでしょうか？

利害関係者とは？

数字を報告する先の「利害関係者」とは、その会社の株を買っている投資家、その会社に融資をしている（または融資を検討している）銀行、その会社を管轄する税務署などです。これらは、文字どおり会社の「利害」に関わる人たち（機関も含む）です。

その会社の株を買っている投資家であれば、その会社の業績が株価に影響するので、数字を見て業績を把握しておきたいでしょう。銀行であれば、その会社がきちんとお金を返してくれるか、数字を見て判断するでしょう。

このように利害関係者の目的はそれぞれですが、目的達成のために必要となるのが会社の「決算書」であることは共通しています。

税務署が知りたいことは？

「数字を報告する」利害関係者には、税務署もふくまれます。税務署にとって、会社とのどんな利害関係があるでしょうか？ それは、「税金を適正に計算し、納めてもらうこと」です。

税務署は、ほかの利害関係者（株主や銀行）と違い、会社が儲かっているどうか以上に、「儲かった分をきちんと税金を計算・申告しているか」を知りたいのです。

のちほど詳しく説明しますが、税金は「損益計算書」の「当期純利益」をもとに計算します。もし、利益を計算する過程で誤りがある場合には、税金も間違った数字になってしまいます。このような理由から、税務署へは申告書とともに、その計算のもととなった「決算書」の添付もしなければいけないことになっているのです。

利害関係者の目的は、立場によってそれぞれですが、共通しているのは会社の数字、すなわち「決算書」を必要としている点です。

「決算書」は利害関係者にとって、会社の数字を見て「今後、その会社とどう関わっていくか」を判断するのに必要なものです。そのために、会社は数字を「報告する」義務が課されているのです。

Lesson
3
会社にかかる税金の種類

会社にとって大きな利害関係のある税務署に対して、申告する税金について考えてみましょう。会社にかかる税金は多数ありますが、**大きく「利益」「資産」「取引」にかかるものに分けられます**（図4－1）。

会社の「利益」にかかる「法人税」

会社の「利益」にかかる税金の代表が「法人税」です。

「法人税」は国に納める税金ですが、そのほか都道府県・市区町村に納める「法人事業税」「法人住民税」というものもあります。

これらの税金は、会社が自ら計算して、申告・納付をする制度（申告納税制度）が採られています。「法人税」の税率は、会社の規模や利益の額によって異なり、一般的には規模や利益が大きくなればなるほど税率は上がり、支払う「法人税」も多くなります。

会社の「資産」にかかる「固定資産税」

会社が持っている「資産」に対してかかるのが「固定資産税」です。国ではなく、都道府県・市区町村が課する税金です。

「資産」とは、具体的には土地、家屋、償却資産（事業で使っている資産）を指します。「固定資産税」は、会社が自ら計算するのではなく、会社が申告した資産の一覧にもとづいて都道府県・市区町村が決定する制度（賦課《ふか》課税方式）を採っています。

会社の「消費活動」にかかる「消費税」

会社の「消費活動」にかかる税金が「消費税」です。国に納める「消費税」と、都道府県・市区町村に納める「地方消費税」とがあります。「消費税」は、買い物をするときにも払うので個人でもなじみがありますが、会社の場合には、売上によって預かった消費税から仕入れなどの経費にかかった消費税を差し引いた額を納めます。「消費税」は「法人税」と同様、会社が自ら計算して、申告・納付をする申告納税制度が採られています。売上規模が大きな会社の場合、納める「消費税」も高額になることが多く、会社の利益と関係なく発生するので資金繰りに注意が必要な税金です。

会社の「取引」にかかる「税金」

ここまでに触れた3つの区分の税金のほか、「印紙税（契約書などの文書に課される税金）」「自動車取得税（自動車を取得したときに課される税金）」「不動産取得税（不動産を取得したときに課される税金）」など、会社の「取引」について課される税金もあります。

図4－1　会社にかかる税金の種類

利益にかかる税金

国税

・法人税
・地方法人税

地方税

・都道府県税
・市町村民税
・法人事業税
・地方法人税

資産にかかる税金

地方税

・固定資産税
・都市計画税

取引にかかる税金

国税

・消費税

地方税

・印紙税
・登録免許税

このように会社にはさまざまな税金が課されますが、税金は大きく分けて「利益」「資産」「消費」「取引」にかかるとだけ覚えておけばよいでしょう。

このなかで金額的に一番大きな割合を占めるものは、会社の「利益」に課される税金、すなわち「法人税」です。

「法人税」の計算は、とても複雑で毎年のように改正が行われています。しかし、会計士や税理士など専門家以外の方は、「法人税」の細かい仕組みを知る必要はありません。次に説明する、「決算書の利益から法人税の計算の流れ」までをざっとつかんでいれば十分です。この流れを理解することで、「なぜ法人税の申告が必要なのか」「節税とはどのような仕組みなのか」がわかるようになるからです。

Lesson 4

「決算書」と「法人税」の計算は目的が違う

「法人税」の計算基準は、国が決めている

「決算書」は発生主義の原則に従って計算して作成しますが、ある程度、会社の選択に委ねられています。一方、「法人税」の計算基準は国が法律で厳密に定めています。それは「決算書（損益計算書）の作成する目的」と「税金を申告する目的」が違うからです。

両者に共通しているのは、利害関係者に数字を「報告すること」です。ただし、**「決算書（損益計算書）」の目的が「株主や銀行に会社の『稼ぐ力』を正しく開示すること」**であるのに対して、**税金の計算の目的は「公平・適正に税金を負担すること」**で

す。「決算書」と「税金」の計算では、最終目的が異なっています。

そのため「法人税」の計算は、決算書の利益をそのまま使うのではなく、「所得」という、いわば税務上の利益に対して、税率をかけることによって行われます。

会計上・税務上の利益は、次のように計算されます。なお、「法人税法」の場合には「所得」の計算には「益金」と「損金」という概念を利用します。「益金」は会計でいう「収益」、「損金」は会計でいう「費用」とほぼ同義です。違いは、計上する基準(「会計基準」か、「法人税法」か)だけです。

会計上：収益－費用＝利益
税務上：益金－損金＝所得（←こちらの金額をもとに法人税を課する）

実際は、税務上の「収益」である「益金」と、「費用」である「損金」を一から計算するのではなく、会計上の「利益」に対して「損金になるもの・ならないもの」「益金になるもの・ならないもの」を調整して「所得」を計算します（図4－2）。

つまり、異なる目的で算定された会計上の「利益」は、そのまま「法人税」の計算

図4－2　法人税の「所得」と損益計算書の「利益」の違い

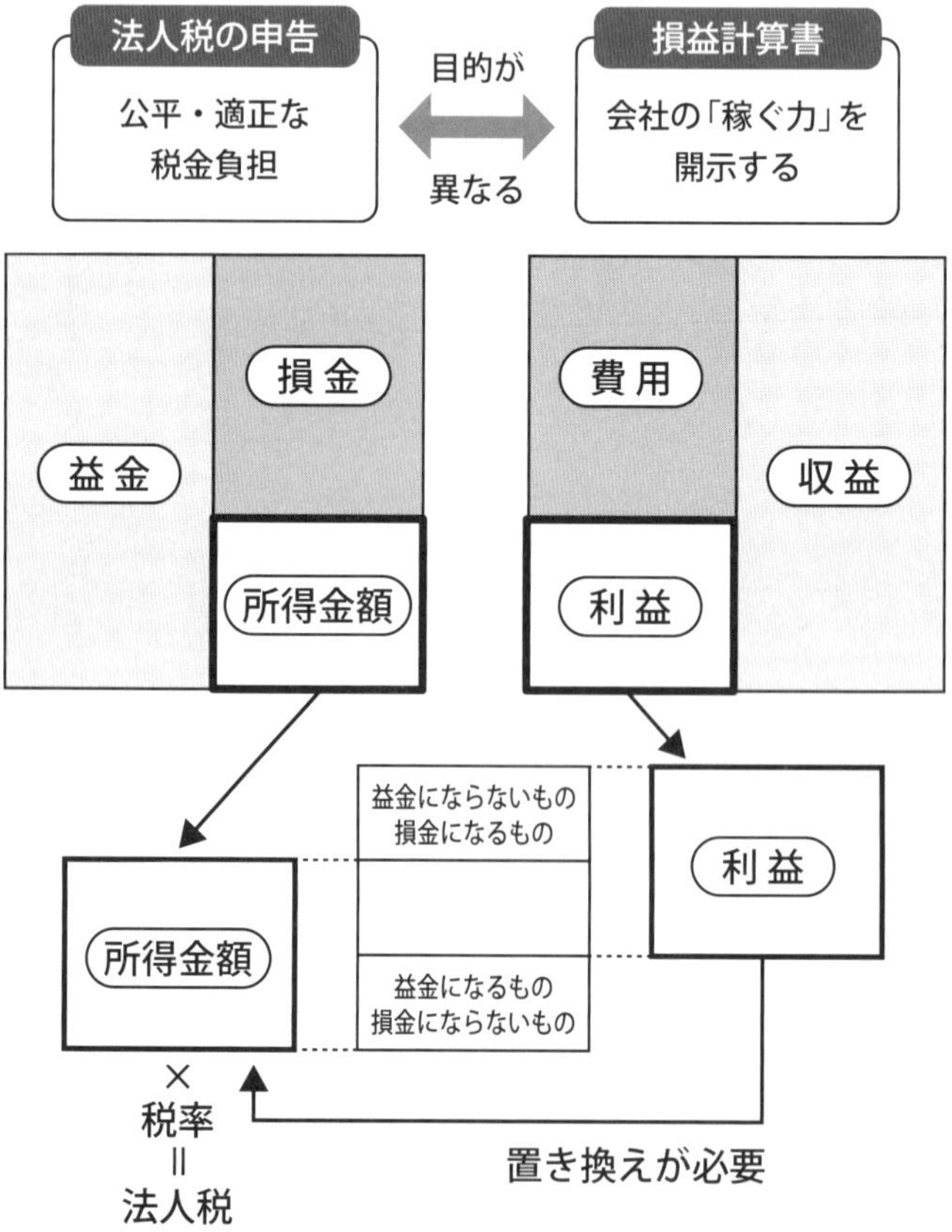

に使うことはできず、税務上の「所得」に置き換える必要があるのです。そのための手続きが、税務署への数字の報告、すなわち「法人税の申告」です。

「利益」から「所得」への置き換えは「太閤検地」のようなもの

前項で、「決算書を作成する（会計の）目的」と「税金の計算の目的」が異なるから、会計上の「利益」を税務上の「所得」に置き換える必要があると説明しました。

まだイメージしづらいかもしれないため、税金の仕組みをシンプルに説明すべく、戦国時代に豊臣秀吉が行った「太閤検地」を例にしましょう。

「太閤検地」とは、豊臣秀吉が「農民に年貢（米）をどれだけ納めてもらうかの基準」を明確にするために行った田畑の測量・米の収穫量の調査です。

「太閤検地」が行われる以前は、農民がその田畑から収穫できる米の量を測る基準、土地の大きさを測る基準がバラバラだったため、正しく田畑の面積と収穫量の調査ができませんでした。そこで、秀吉は米の量を測るときに使用する単位である「枡《ます》」と、土地の大きさを測る基準の単位も「検地竿《けんちざお》」をつくって統一しました。

その基準を用いて年貢を徴収することで、秀吉はすべての領地でどれくらい年貢が納められているかを把握できるようにしたのです。

この「太閤検地」による「米を納める基準」は、現在の「会社が税金を納める基準」にも通じるものがあります。

たとえば、会社の決算期が近づいてきて、想定以上の利益が出ることがわかったとします。経営者にとって、利益が出ること自体はうれしいことですが、「法人税」が多くかかってしまうので、なんとか減らす方法を考えようとしました。

急きょ、役員にボーナスを支給し、経費として処理した場合、会計上は発生主義にもとづいて、役員賞与を「費用」として処理することに何ら問題はありません。しかし、これは税務署側から見たらどうでしょうか。役員賞与のような会社がコントロールしやすい「費用」を無制限に認めてしまっていたら、簡単に税金を減らすことができてしまいます。

そこで税務上は、基本的に役員賞与を税務上の「費用（損金）」として認めない考え方をとっています。つまり、結果として「所得＞利益」となり「法人税」の負担は、役員賞与の支出後も変わらない結果になります。(図4－3)。

ほかにも、税務上の「費用(損金)」に制限をかけている項目として、次のものがあります。

・減価償却費→償却方法・耐用年数の選択が会社に委ねられているため、無制限に認めると税金を故意に減らされてしまうおそれがある

・交際費→国家の政策＝冗費(ムダな費用)節約のため、損金にする額を制限している

秀吉は「太閤検地」によってバラバラの基準で行っていた土地の測量を、全国的に統一した基準を用いることで「すべての領地で年貢がどれくらい納められているか」を正しく把握することができるようにしました。税法も、利益の計算の基準をもとに、公平・適正な課税の計算をするようにしているのです。

図4－3　法人税は会計の費用計上に制限をかけている

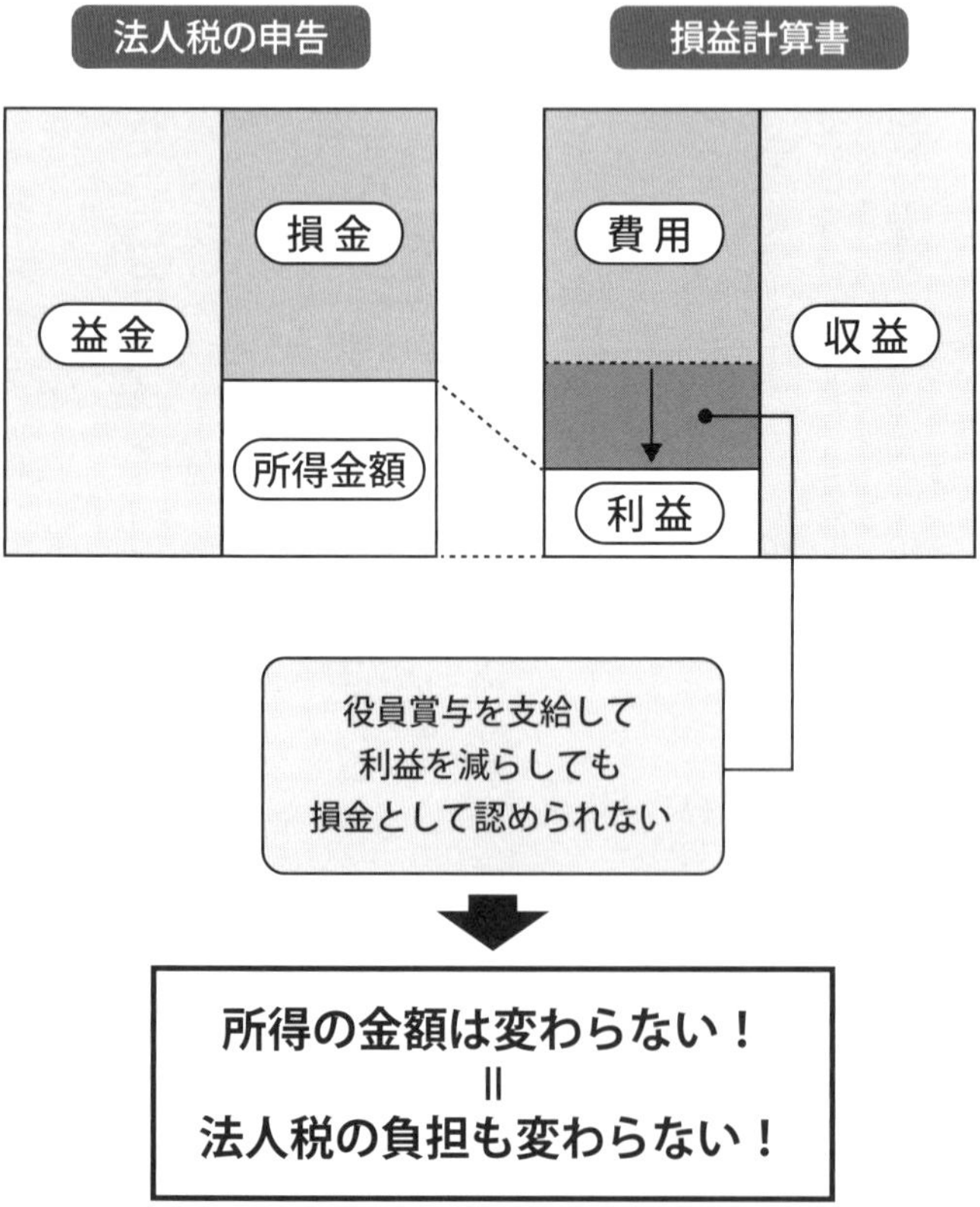

Lesson 5

「節税の仕組み」を知ろう

税金に関して、とくに経営者や経理担当が気になるのは、税金をいかに抑えるかという「節税対策」ではないでしょうか。会社の税金の支払い、資金繰りの面でも「節税」によって大きな影響が出ます。

私は税理士という立場上、「節税」に関してよく相談を受けますが、じつは有効な節税対策はほとんどありません。

「節税」というと、税金を少しでも節約する、といった意味合いがありますが、適正に計算された税金は減らしようがないからです。したがって、ここで理解していただきたいのは、税金の計算の基本的な仕組みです。「所得（税務上の利益）に税金はかかる」という大原則です。

「利益」が増えれば、「法人税」も増える

前述したとおり、「法人税」は「利益」に調整を加えた「所得」に対して税率をかけて計算されます。ここで覚えておきたいのは、**「利益が増えれば（儲かれば）、法人税も増える」という逃れられない大原則です。**

たまに、「儲かったけれど、税金は1円も納めたくない」という方がいますが、大原則から外れることなので、もし実現するならばありもしない費用を増やすか、売上を隠すなどの脱税しか方法はありません。

このことを踏まえたうえで、節税の仕組みについて、正しく理解しましょう。

節税する方法は2つしかない

まず、「利益が増えれば、法人税も増える」というのは大原則です。第2章で確認したとおり、「利益」は「収益－費用」で計算します。「利益」が減れば、「法人税」

も減るので、この大原則からいえる節税対策は、次の1つです。

◉「費用」を増やす

「収益を減らす」も理論上考えられますが、収益の計上基準を変える、得意先に引き渡しの時期を調整してもらうなど、ともすれば脱税の可能性もあり、あまり現実的ではありません。

まず確認すべきことは、第2章で説明した「発生主義」を徹底しているかどうかです。つまり、現預金は出ていっていないけれど、「費用」に計上できるものはすべて計上しているかどうかの検討です。

たとえば、未払いの給与やその他の経費について検討します。意外とここが抜けている場合が多く、逆に、ここさえ押さえておけば節税対策（適正な税金計算）は、ほぼされていると思ってよいでしょう。

また、税金を払う代わりにあえて現預金を使って「費用」を増やす、という方法も節税対策の1つです。こちらについては、のちほど説明します。

もう1つ考えられる節税対策は、次の方法です。

◉「法人税」の額を直接減らす

たとえば、設備投資をした場合や雇用を増やした場合などに認められる「特別控除」があります。適用するためには、定められた要件を満たさなければなりません。これらの制度は「適用できる制度を知っているか、知っていないか」だけなので、利用できる制度があれば、忘れずにしたいところです。

ここまで見てきたように、「利益が増えれば、法人税も増える」という大原則のもとで考えられる節税対策は、**「現預金が出ていかない費用を忘れずに計上する（発生主義を徹底する）こと」が第一です。**

これに加えて、次に説明する、「現預金が出ていく節税を検討し、法人税の額を直接減らす制度を忘れずに利用する」ということさえ覚えていれば、まず問題ありません。

「現預金が出ていく節税」に必要な視点

私が顧問先などに、**節税対策としてまず考えるのが「現預金が出ていかない費用をきちんと計上する」ことです。**

ほかにも、「新たに現預金を使って費用を増やす」ことも場合によっては有効です。ただし、この場合は現預金が出ていくことになるので、資金繰りには十分な注意が必要です。

例を挙げて説明します。たとえば、ある会社の今期の利益が1000万円（法人税の税率は30％）、法人税の額が300万円（1000万円×30％）と予想されたとします。

このとき、経営者は「法人税を払うのであれば、ほかのことに使いたい」と、備品や消耗品など100万円分を購入し、「費用」に計上したとします。

その結果、利益は900万円になり、「法人税」の額は270万円（900万×30％）となりました。「法人税」の額だけ見れば「300万円→270万円」と、30万円の節税はできているので、税金だけ見れば、目的は果たしているでしょう。ただし、備品や消耗品の購入で現預金も100万円減っていることを忘れてはいけません。

現預金だけで考えると、節税後のほうが出ている金額が70万円多いのです（節税後：消耗品100万円＋法人税270万円－節税前：300万円）。購入した消耗品が、その後、70万円分の利益を生み出してくれればよいのですが、**節税だけに着目した対策は投資ではなく、ただの浪費につながりお金が減る可能性があるのです。**

このように、投資の視点がない場合、税金を減らすことよりも「法人税を払ってお金を残す」選択のほうが賢明な可能性があります。

「お金の出ていく節税」に必要な視点とは、その「費用」がその後の会社の「利益」につながるか、つまり「投資」に当たるかどうかということです。

たとえば、「社内の人事体制を整えたい」と就業規則や旅費規定を定めたるためにかかった「費用」は長期間にわたって会社の体制を支える効果があるので、浪費ではなく「投資」です。

一方、中古車の購入（一般の新車の購入に比べて「費用」に計上できる額が多くなります）、保険料の支払なども節税対策としてあげられることが多いのですが、これらは節税対策にはなっても、投資につながるかは疑問符がつくものばかりです。

本来、車両の購入は会社の営業活動のために必要なことでしょうし、保険は社長に何かあったときの備えとして契約するものです。いずれも節税のために購入・契約するものではありません。

「投資」の視点がない支出は、節税にはなっても、結果的にお金を減らすだけになる可能性もあることを覚えておいてください。


この章では、「決算書」をはじめとして数字を「報告する」理由、なかでも会社と関わりの深い「法人税の申告の仕組み」「節税に必要な知識」について説明しました。

主に経営者・経理担当に関わることですが、そのほかのビジネスパーソンでも「数字」を利害関係者に報告することの意味」「法人税の基本的な考え方」「節税の仕組み」を知っておけば、より会社の数字に詳しくなるはずです。

また、「法人税」の基本的な考え方である「利益（所得）に対して課税される仕組み」は個人の税金である「所得税」も同じです。税金の仕組みをある程度知っておくことは、副業をするときや、フリーランスになったときにも大きな強みになります。

第5章

「数字」を活かして、意思決定しよう

Lesson 1

数字を「活かす」スキルは、どう役に立つのか？

ここまで、会計の「目的」と「全体像」、数字を「つくる」「読む」「報告する」スキルについて説明してきました。この章までに学んできたことは、「現在の会社の状態を把握する」ための知識です。

この章でひも解く、**数字を「活かす」スキルは「会社の将来像を考える」ために役立ちます。**

数字を「活かす」とは、「決算書」の数字をもとにさまざまな意思決定をしていくことを意味します。

たとえば、会社の稼ぐ力である「利益」を増やすにはどんな方法があるかは、数字をもとに導き出すことができます。また、「利益」を増やす方法を実践したら、どんな結果になるかも、数字をもとに予測（シミュレーション）できます。

この数字を「活かす」スキルは、経営者ならば「決算書」を読めるようになったうえで、身につけるべきものです。

経理担当は、ふだんの仕事のメインは数字を「つくる」ことですが、経理の役割は数字を「読み」、経営者が数字を「活かす」ために必要な情報を提供することです。そのため、数字を「活かす」スキルがあるほど、経営に必要な情報を、より深く理解できるはずです。

もちろん、経営者や経理以外のビジネスパーソンも、数字を「活かす」スキルがあれば、自社や取引先などの強みや弱みが把握でき、より成果につながりやすくなるでしょう。

そこでこの章では、数字を「活かす」にあたって、まず最低限必要となる次の基本知識から学んでいきます

・「決算書」をどう経営に活かすのか？
・どうしたら儲かるのか？
・会社は資金的に安全なのか？

できるだけ専門用語は使わずに、「数字を活かすとはどういうことか」を、今回もパン屋さんの例をもとに説明していきます。

Lesson
2

「決算書」をどう経営に活かすのか？

３種類の「決算書」の「目的」と「つながり」から現状を把握する

数字を「活かす」際に土台となるのが、これまで学んできた数字を「読む」スキル、すなわち「決算書」を読み解き、会社の現在の状況を把握することです。

３種類の「決算書」の「目的」「つながり」から現状を把握することが、数字を「活かす」ことの最初のステップです。

それでは、実際にあなたはパン屋さんのオーナーになったとして、ここでは「経営状態」と「数字」の関連をわかりやすくするために、危機的な状況の「決算書」をもとに一緒に考えていきましょう。

「売上」は増えているのに儲かっていない？

あなたは地元で小さなパン屋さんをオープンして、数年は「売上」が伸び悩みましたが、原材料へのこだわり、地道な宣伝の効果があってか来店するお客様が増え、ここ数年は「売上」が伸びています。

「売上」の増加にともない、人を増やし、売り場の面積も大きくしました。ところが、「売上」が伸びているにもかかわらず、あまり儲かっている感覚がありません。忙しくなる一方で、実際に現預金はどんどん減っています。

そこで、まず3種類の「決算書（貸借対照表、損益計算書、キャッシュフロー計算書）」をもとに、現在の状況を把握していきます。

現在の状況を見てわかったのは「このままいけば会社は潰れる」こと

「決算書」を見ると、驚いたと同時に、「やっぱり」という気持ちになりました。

会社は赤字（「費用」が「売上」を上回っている状況）で、会社の「蓄え（純資産）」を食いつぶし、それにともない現預金も減っている状況だったのです。

また、現預金が足りなくなることを恐れてお金を借り入れても、それでも追いつかないほど現預金が減少していることがわかりました（図5－1）。

このままいけば損失が「純資産」を減らし続け、「負債」が「資産」を上回り（第3章で説明した「債務超過」の状態）、現預金が底をついて倒産に追い込まれるのは3種類の「決算書」から明らかです。

つまり、会社の「稼ぐ力」「蓄える力」「お金（現預金）を回す力」のいずれも年々減ってしまっているような状況だったのです。

このように現在の状況を把握して、数字を活かして意思決定を行うためには、まず「決算書」を見て「分析」をすることです。「分析」によって、現状を改善していくための方法を導き出します。そのためには、それぞれの「決算書」の「目的」と「つながり」がもとになり、これから説明していきます。

図5－1　パン屋さんの状況

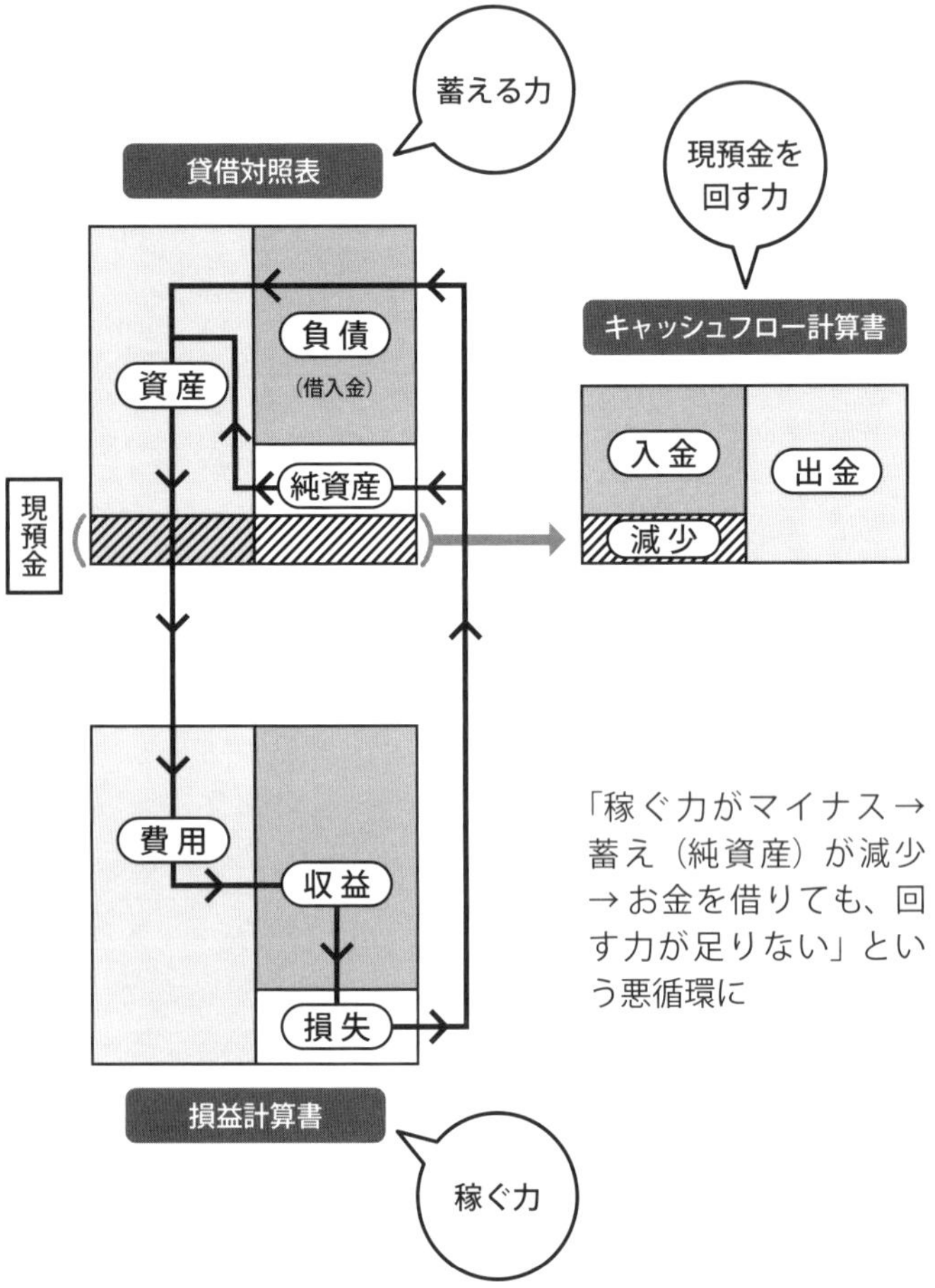

Lesson 3

どうしたら儲かるのか？

「売上」だけでは会社が儲かっているかどうかは判断できない

「売上」が増えているのになぜ儲かっていないのか？　その原因を突きとめる前に、「損益計算書」の「利益」の計算式を思い出してみてください。

売上 ー 費用 ＝ 利益

「利益」が出ていない（＝マイナス）ということは、「費用」が「売上」を上回っている状況です。つまり、「売上」が増えてもそれ以上に「費用」が増えているのです。

会社の「儲け（利益）」とは、「売上」の額ではなく、「売上」から「費用」を差し引いた額です。「売上」はあくまで会社の営業活動の成果であり、「売上」を上げるためにかかる「費用」を差し引いた「利益」こそが、「会社の稼ぐ力」を示します。「どうしたら儲かるのか？」を考えるうえで、まず一番に確認したいのが「利益が出ているか？」です。

このパン屋さんの例のように、「売上」は伸びているけれど、それ以上に「費用」が増え、「利益」は出ていないというケースもあります。「利益が出ていない状況」から脱け出すには、次のいずれかの方法が考えられます。

1　「売上」を増やす
2　「費用」を減らす
3　1と2を組み合わせる

「決算書」だけでは「どうすればよいか？」がわからないことも

大事なのは「売上」ではなく、「利益」ということを理解したら、次に損失の原因を突きとめ、どこにメスを入れるかを検討していきます。

しかし、「損益計算書」の「売上」と「費用」の一覧だけを見ても、どうすればいいかはわかりません（図5－2）。「決算書」は、外部の利害関係者（株主や銀行、税務署など）に報告するためのものなので、会社の状況はわかっても、その原因を細かく探るには不十分です。**数字を活かして意思決定するには、「決算書を自分たちの知りたい情報に合わせて活用していく」という視点が大切です。**

「利益を出すための最低条件」とは？

「利益を出すための最低条件」を考えてみましょう。

このパン屋さんは、「費用」が「売上」を上回っているため、「利益」が出ずにマイナスになって損失が出ていたとします。収支がトントン（利益が0）以上になるためには、「費用」より「売上」が上回っていなければいけません。「費用」をかけた分以上の「売上」が必要なのです（図5－3）。

図5－2　外部報告用の「損益計算書」では意思決定に不十分

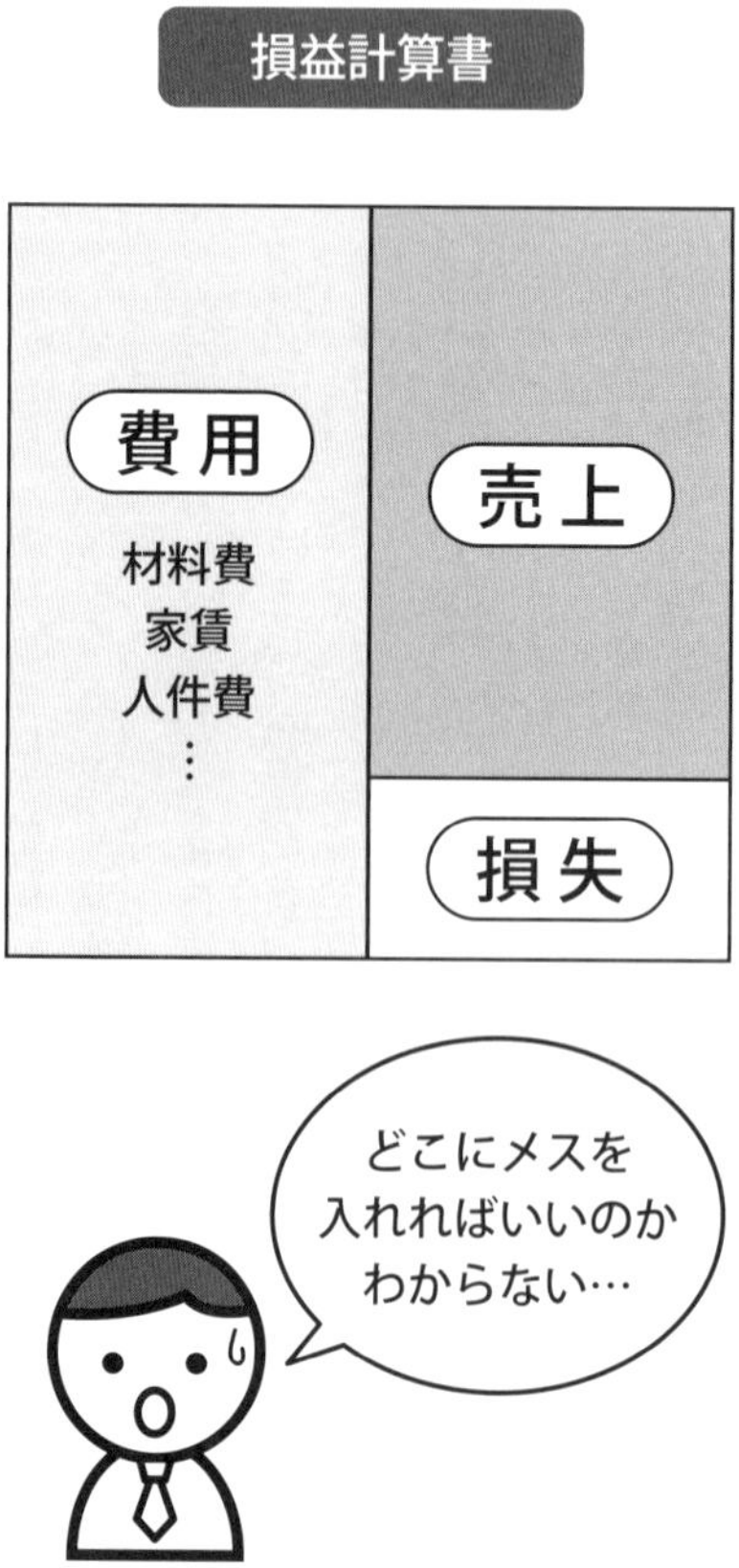

図5－3　収支がトントンの状態

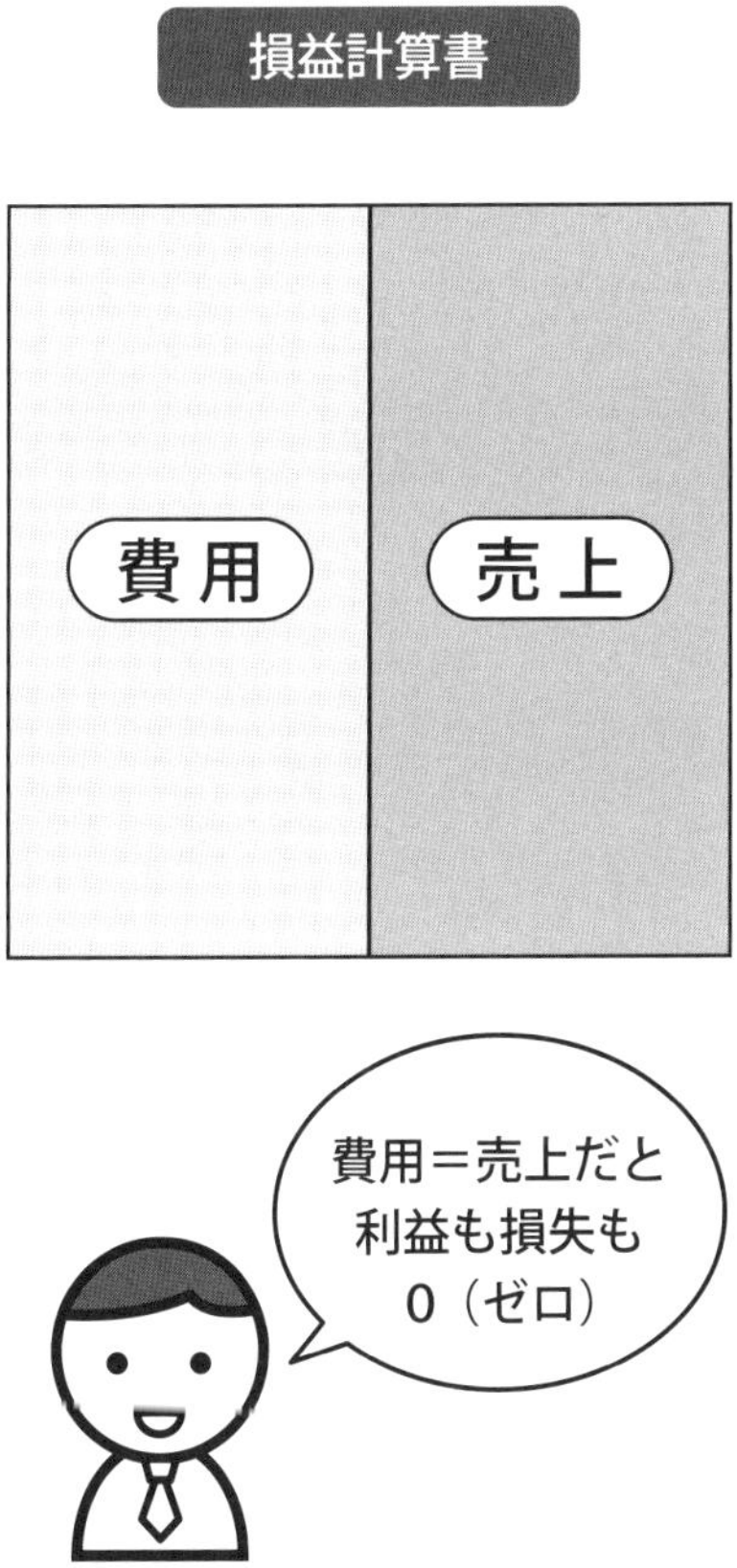

では、まず「費用」について、見ていきます。パン屋さんの「費用」にはどんな項目があるでしょうか？　パン屋さんは、材料を仕入れ、パンをつくって、それに値段をつけて販売します。したがって、パン屋さんの「費用」として、パンをつくるための「材料費」がかかります。

パンが売れれば売れるほど（「売上」が増えれば増えるほど）、パンをつくるための「材料費」も増えます。つまり、「売上」と「材料費」は単独で考えるのではなく、セットで考えたほうがよいことになります。

そして、「売上から材料費を差し引いた額（会計では「粗利」に使い意味）」が、パンが売れれば売れるほど増える「儲け（利益）」を意味します。この金額が高ければ高いほど、その会社の「儲ける力」が高いのです（図5－4）。もし、「費用」が「材料費」だけであれば、「売上と材料費の差額＝利益」となります。

ただし、パン屋さんの「費用」は「材料費」だけではありません。「人件費」や「家賃」など、「売上」が0（ゼロ）でもかかる「費用」があります。これらは売上とは

図5－4　「売上」から「材料費」を引いた「粗利＝儲ける力」

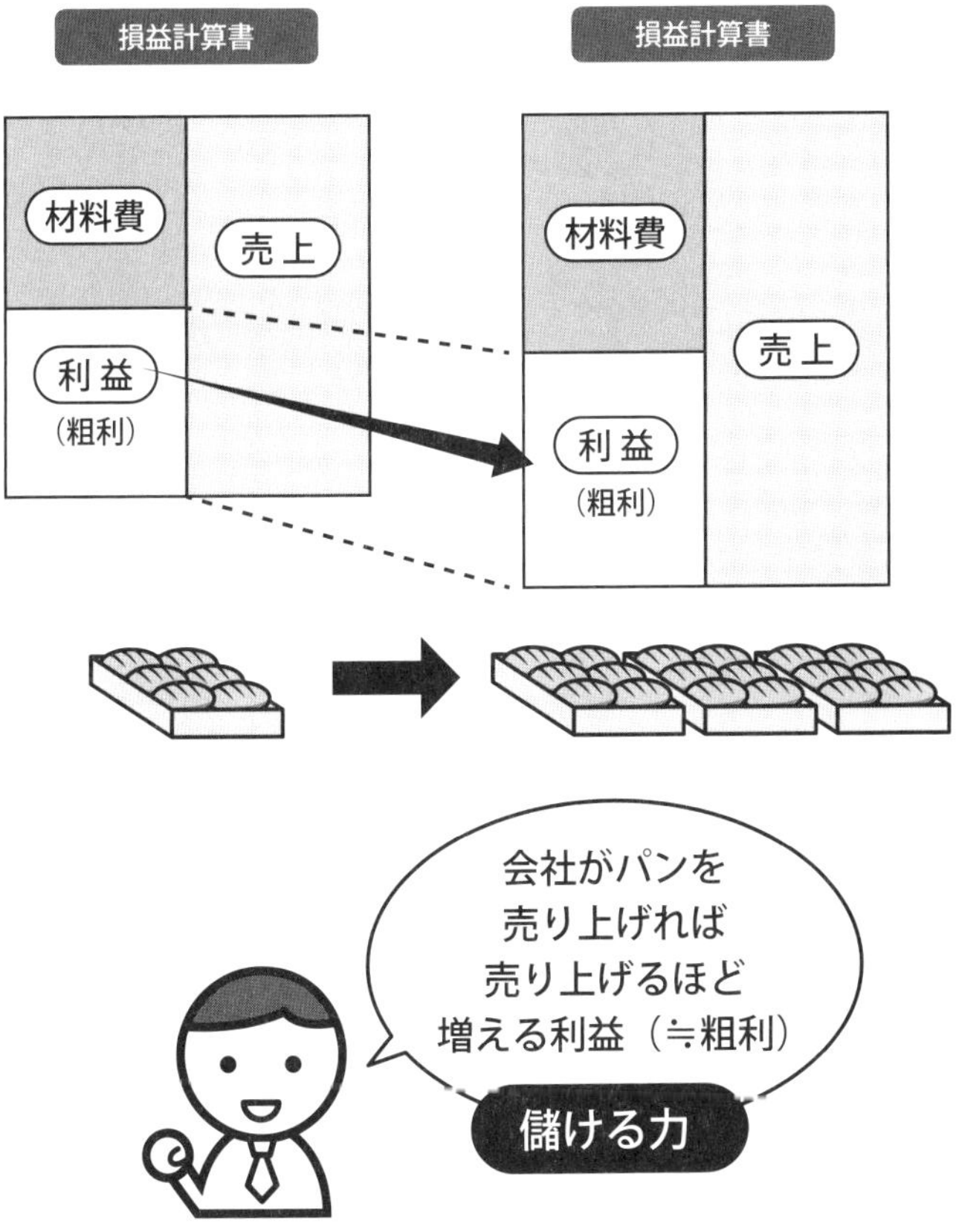

関係なく発生します。「売上と関係なく固定的に発生する費用」という意味で**「固定費」と呼ばれます。**

つまり、**会社が損益の計算で「利益」を出すためには、「売上から材料費を差し引いた額（粗利）」が、人件費や家賃など売上が0（ゼロ）でもかかる「固定費」をまかなえるくらい十分にあることが最低限必要な条件なのです。**

あなたが経営しているパン屋さんは、「売上から材料費を差し引いた額（粗利）」で「固定費」をまかなうことができないために、最終的に赤字になっていたのです（図5－5）。

「利益を出すための最低条件」を会計用語から見ていくと

「利益を出すための最低条件」を知るためには、「費用」を2つに分類する必要があります。

パンが売れれば売れるほど（「売上」が増えれば増えるほど）、パンをつくるための「材料費」も増えます。このように、**「売上」と連動して増える「費用」を「変動費」**

図5－5　粗利で固定費をまかないきれていない状態

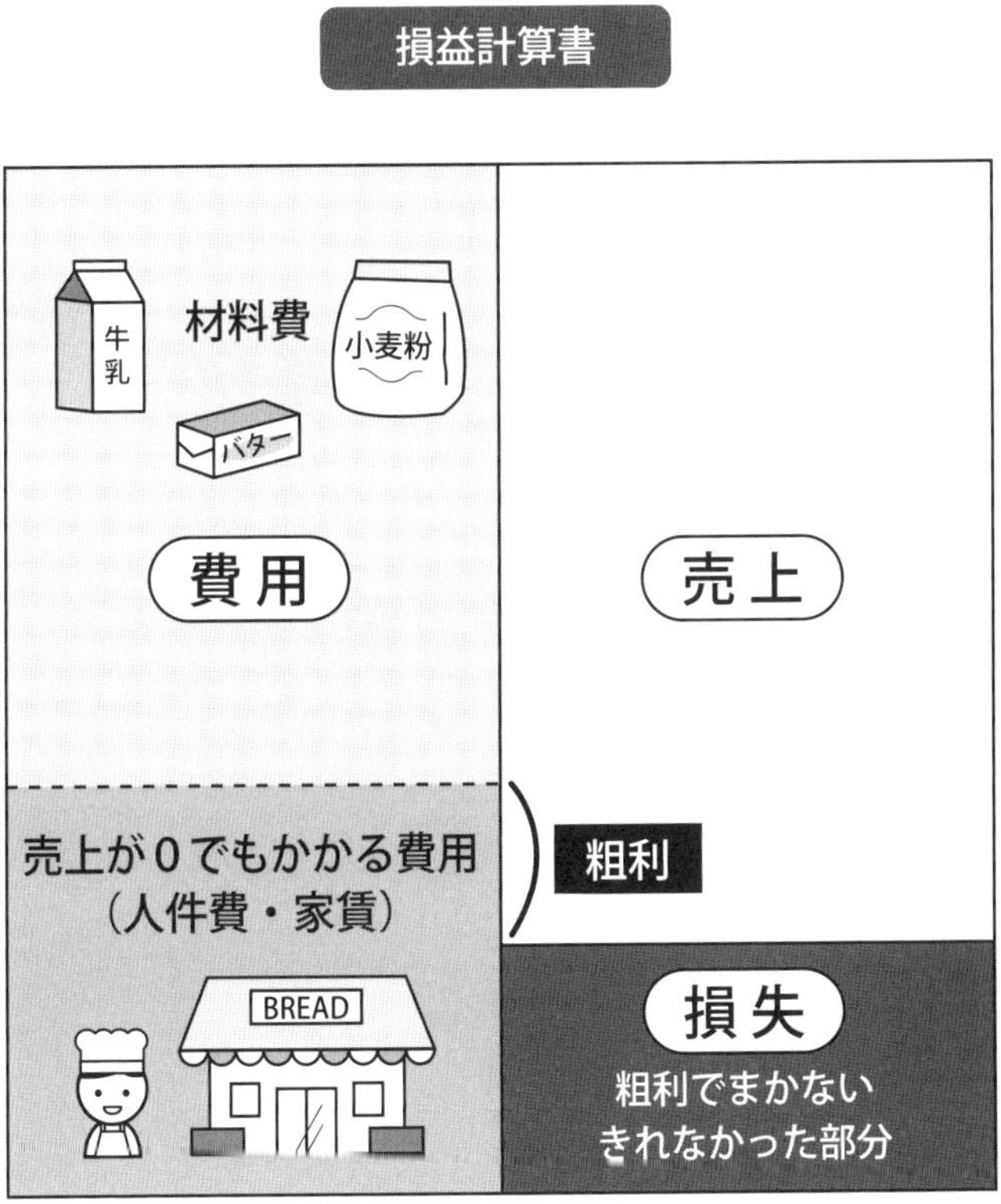

といいます（売上と関係なく発生する「費用」を「固定費」と呼ぶのは、先述したとおりです。図5－6）。

パン屋さんの例でも確認しましたが、「変動費」は「売上」と連動しているため、「売上から変動費を差し引いた額（粗利に近い）」で考えることが基本です。「利益」を出す最低条件とは、「売上から変動費を差し引いた粗利が、固定費をまかなえている」状態です。

「粗利が固定費をギリギリまかなえている状態（粗利＝固定費）」のときの売上高を「損益分岐点売上」と呼びます。「会社が利益を出すための最低限必要な売上を表す言葉」として覚えておきましょう。

一方、「パンが売れれば売れるほど増える儲け（粗利）」について、会計用語とからめた商売の構造から見ていきます。

まず、この**「売れば売るほど増える儲け」のことを、「管理会計」の用語で「限界利益」と呼びます。**

図5－6　変動費と固定費

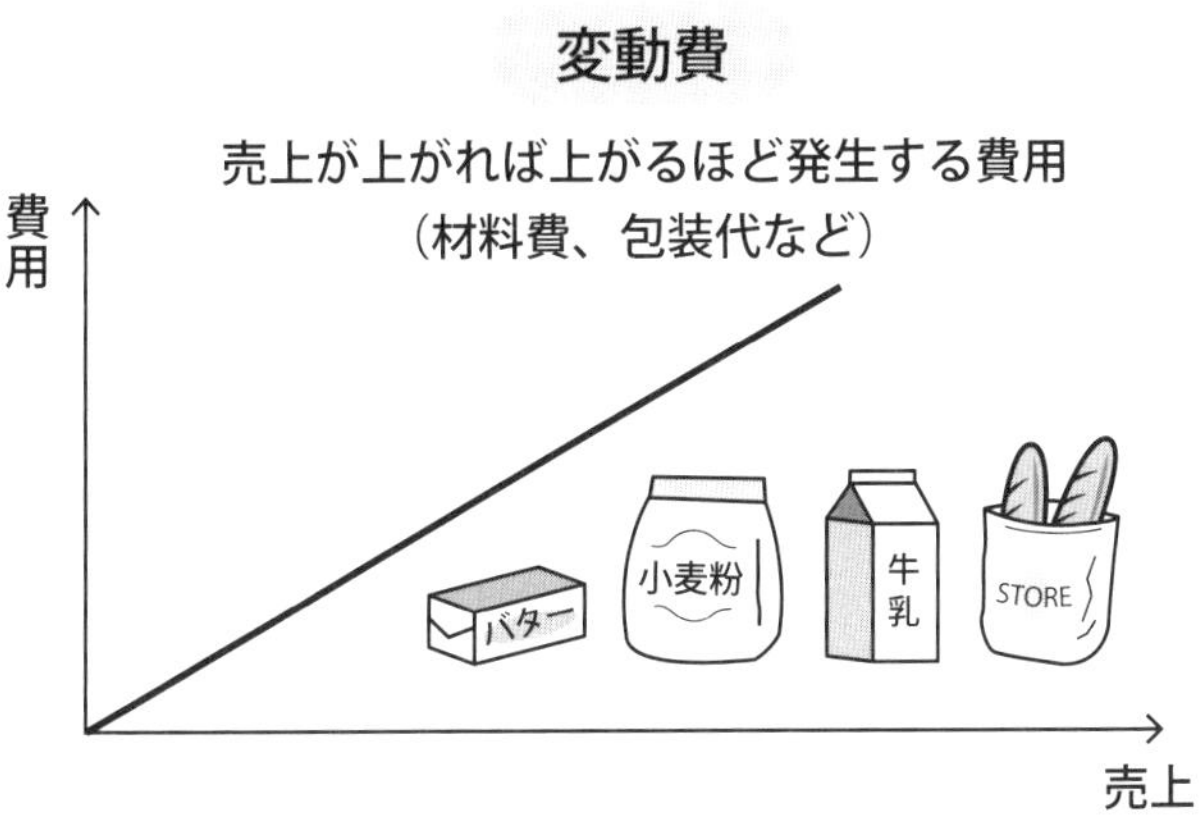
変動費
売上が上がれば上がるほど発生する費用
(材料費、包装代など)
費用
バター
小麦粉
牛乳
STORE
売上

固定費
売上にかかわらず発生する費用
(人件費、家賃、光熱費など)
費用
BAKERY
売上

「限界利益」は高ければ高いほど、会社にとって「稼ぐ力」も高くなります。

では、「限界利益」は会社からすると、「売れば売るほど増える儲け」ですが、お客様から見たらどうでしょうか？

商品としてお店に並ぶパンは、「固定費」や「変動費」、そのほかのサービスをはじめとした付加価値をふくめて値段がつけられます。お客様は、そのパンから得られる満足感と引き換えに、お金を払って購入しています。

お客様から見れば、パンの値段は満足感の対価として見合うものと認めたから、お金を払っているわけです。その行為がなければ、「限界利益」は生まれないのです。

そして、「限界利益」を生むためにも、「お客様の満足に見合った値決め」が欠かせません。そのため、「限界利益」と「お客様の感じる満足」が一致したところで、はじめて商売（取引）が成り立つともいえます。

「限界利益」が生まれるためには、お客様が感じる満足を高めていくことを忘れてはいけません。（図5－7）。

図5－7　限界利益はお客様が満足してはじめて成立する

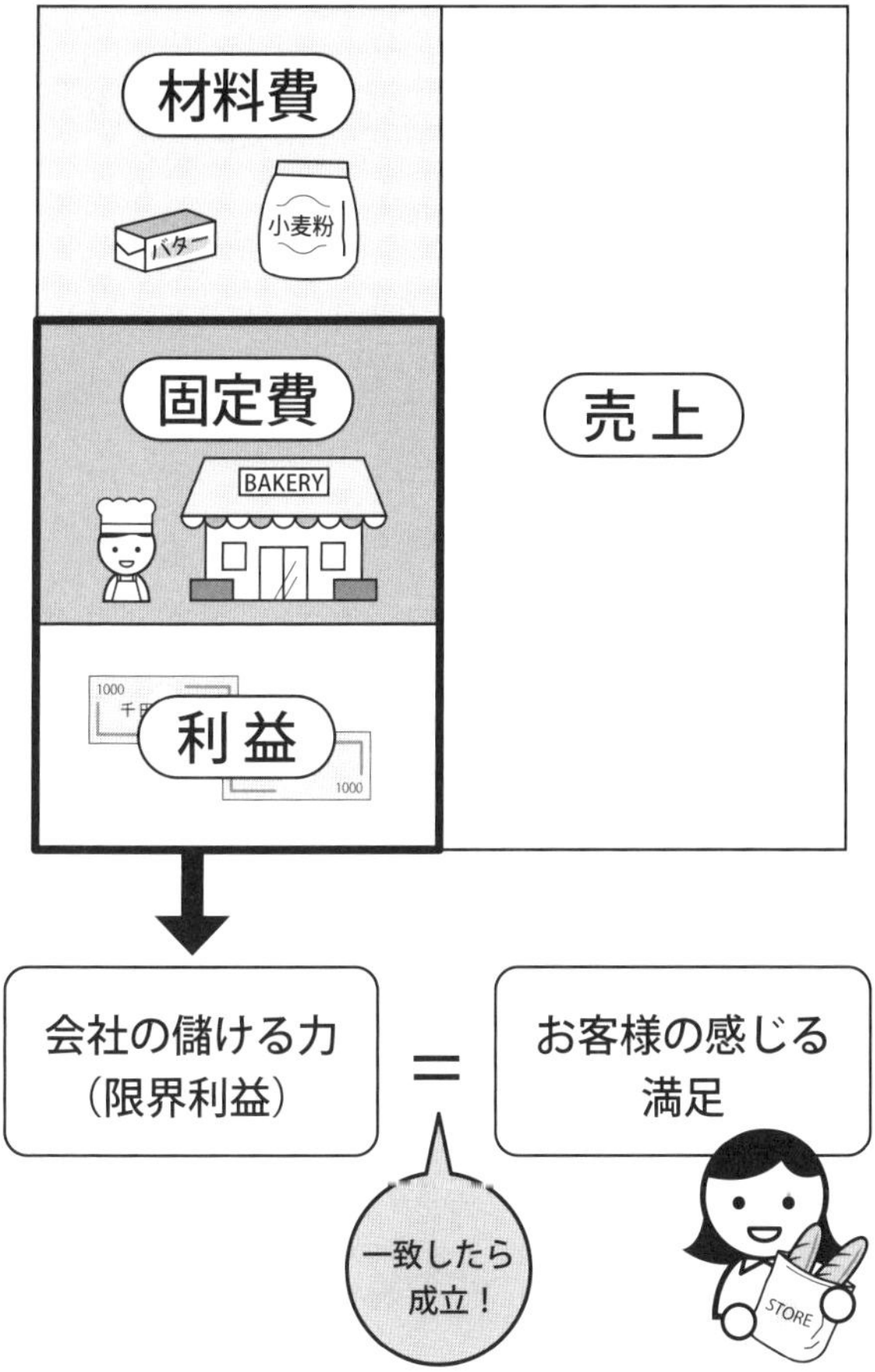

「利益」を出す方法

「利益」を出すための最低条件が「売上が0（ゼロ）でもかかる固定費をまかなえるくらい粗利（売上−材料費）が出ていること」だとわかったら、次は「利益を出す方法」について見ていきましょう。考えられるのは、次の2つです。

・「粗利（売上−材料費）」を増やすこと
・「売上がゼロでも発生する固定費」を抑えること

「粗利」を増やすには？

では、「粗利」を増やすにはどうしたらいいでしょうか？「売上」と「材料費」を単価と数量で分解してみると、「売上」は「値段×売上数量」、「材料費」は「仕入単価×売上数量」で計算できます。

したがって、「粗利」は「（1個あたりの値段−1個あたりの材料費）×売上数量」

で表せます。「1個あたりの値段」「1個あたりの材料費」「売上数量」が粗利のカギを握っているわけです。

つまり、「パン1個あたりの値段を上げる」か、「パン1個あたりの材料費を下げる」か、もしくは「売上数量を増やす」という3つの方法で「粗利」を増やすことができるのです（図5－8）。

この3つの方法は、パン屋さんの経営の場合、具体的にどのようなことを意味するのでしょうか？

まず、「パン1個あたりの値段を上げる」についてです。たとえば、全商品を一律で値上げしたとします。ただし、値上げをした場合、1個あたりの「粗利」はたしかに増えますが、お客様が納得できるような値段にしなければ売上数量が落ちてしまうでしょう。そのため、お客様が納得できるような価格にして、ある程度の売上数量の減少を見込んで売上予測をつくる必要があります。

図５－８　粗利を増やす３つの方法

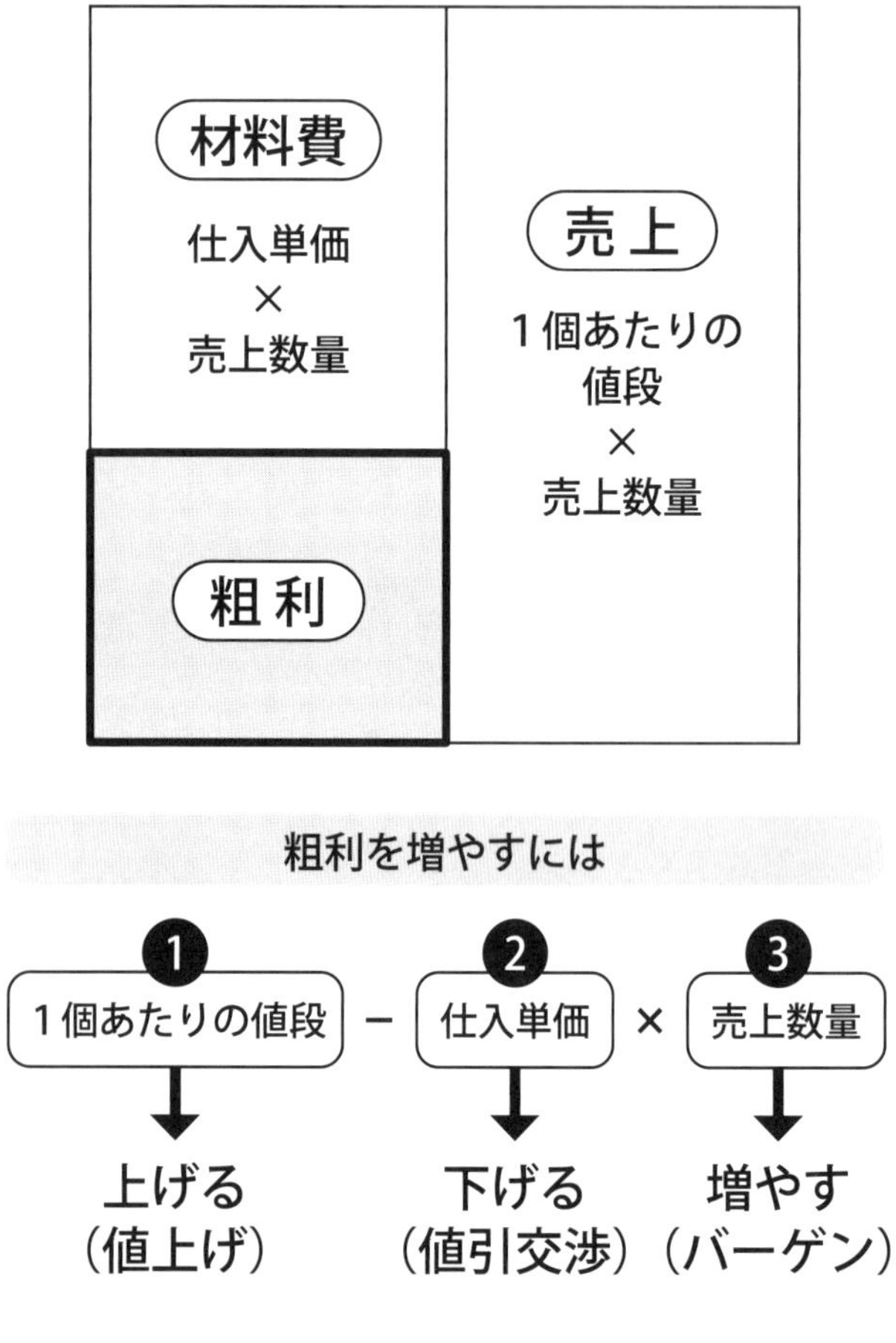

次に、「パン1個あたりの材料費を下げる」についてです。「材料費」の仕入単価を下げることを検討したとします。仕入単価を下げるには、仕入業者と交渉する必要があります。材料をまとめて購入することによっていくらか割引できないか、仕入業者と交渉してみるのも1つの方法かもしれません。

最後に、「売上数量を増やす」です。売上数量を増やすための1つの方法として、値段を下げることが考えられます。ただし、値下げをした場合、パン1個あたりの「粗利」が減るため、売上数量でその減った粗利の分を稼がなければなりません。そのため、現在の「粗利」が少なく、「固定費」をまかなえていない状況では、さらに状況を悪化させる可能性も高いでしょう。

「固定費」を減らすには？

「利益」を出すためには、「固定費」の家賃や人件費などの「費用」を減らすことも考えられます。

たとえば、「固定費」を見直した結果、アルバイトを余剰に配置することによる人件費、使っていない設備をそのままにすることによって生じる維持費、それほど効果の感じられない広告宣伝費など、「ムダ」と思われる「費用」が次々と見つかったとします。それらのムダと思われる「費用」を、1つひとつ見直して減らしていくのも、「利益」を出す方法の1つです。

「採算の合わない商品」はやめる

売上全体だけでなく個別に見ると、「儲かっているパン」もあれば、「儲かっていないパン」もあるかもしれません。商品を1つひとつ見ていき、「儲かっていない（利益の少ない）商品」をやめると、全体の「利益」は増えることにつながります。

そこで、「パンごとの損益計算書」をつくってみます（この場合、「固定費」は商品ごとにひもづいているわけではないため、パン1個あたりの金額に直して配分して、計算します）。すると、「損益計算書」からは見えてこない、全体の「利益」に「貢献しているパン」と「貢献していないパン」とに分けることができます（図5－9）。

図5－9　パンごとに損益計算書を作成

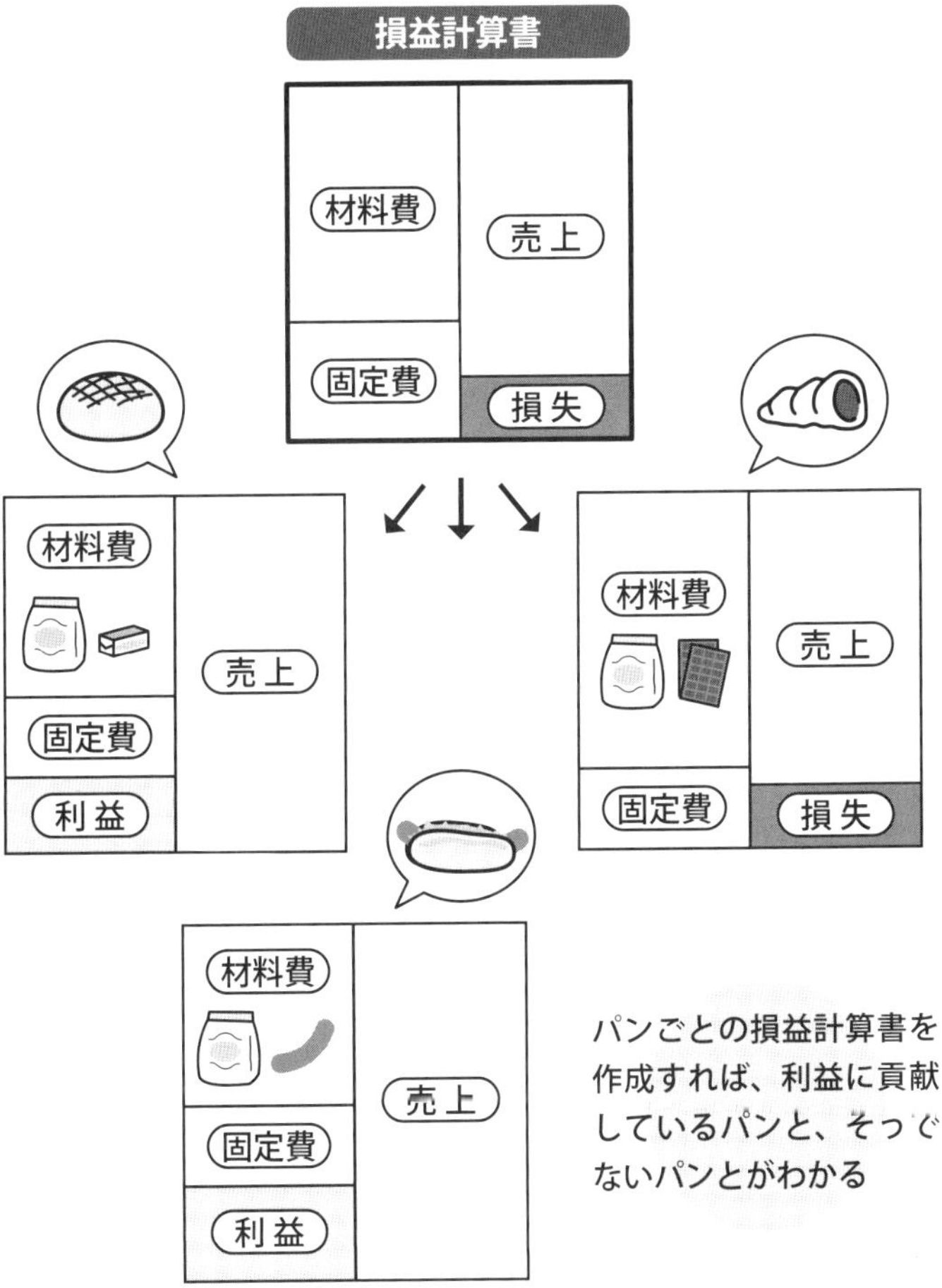

こだわりの材料（材料費が高いもの）を使って力を入れて販売していたパンだったけれど、じつは損失を出していたこと、目立つ商品ではないけれど、材料費が安く堅実に売れて「利益」に貢献しているパンがあることがわかりました。

この結果から、「利益」に貢献していない商品はやめる、つくる量を減らす、という方法も考えられます。

Lesson 4

会社は資金的に安全なのか？

〜資金繰りを考える〜

「儲けの仕組み」を理解した結果、あなたの経営するパン屋さんは少しずつ「利益」を出せるようになってきました。

しかし、それでも漠然とした不安があります。それは、「会社は資金的に安全なのだろうか？」というものです。じつは、「利益」が出るようになったあとも、何度か資金が足りなくなりそうな状況になったからです。

もちろん、会社の生命線である「現預金」が尽きれば、倒産はまぬがれないことは理解しています。そこで、会社の「資金繰り」について、きちんと考えていきましょう。

「現預金」はいくらあれば会社は安全か?

まず「会社は資金的に安全なのだろうか?」という漠然とした不安を解決するべく、「現預金はいくらあれば会社は安全か」を把握する必要があります。

「現預金」は多ければ多いほどいいのはわかりますが、ここは「最悪の事態」を基準にしてみます。たとえば、「3か月間、売上がまったく0(ゼロ)の状態」が続いた場合でも、蓄えておけば安全な現預金の額を考えてみたいと思います。

売上が0(ゼロ)の場合、入ってくる現預金はもちろんありませんが、現預金は出ていきます。それは、売上とは関わりなく発生する家賃、人件費、水道光熱費などの「固定費」です。つまり、このような支出の3か月分の資金が手もとにあれば、ひとまず安全と判断できます。

そこで、過去の「キャッシュフロー計算書」から、売上にかかわらず発生する支出をピックアップしていきます(図5－10)。

家賃、人件費などは比較的わかりやすいですが、忘れてはならないのが借入金の返

図5－10　売上が0（ゼロ）でも出ていくお金

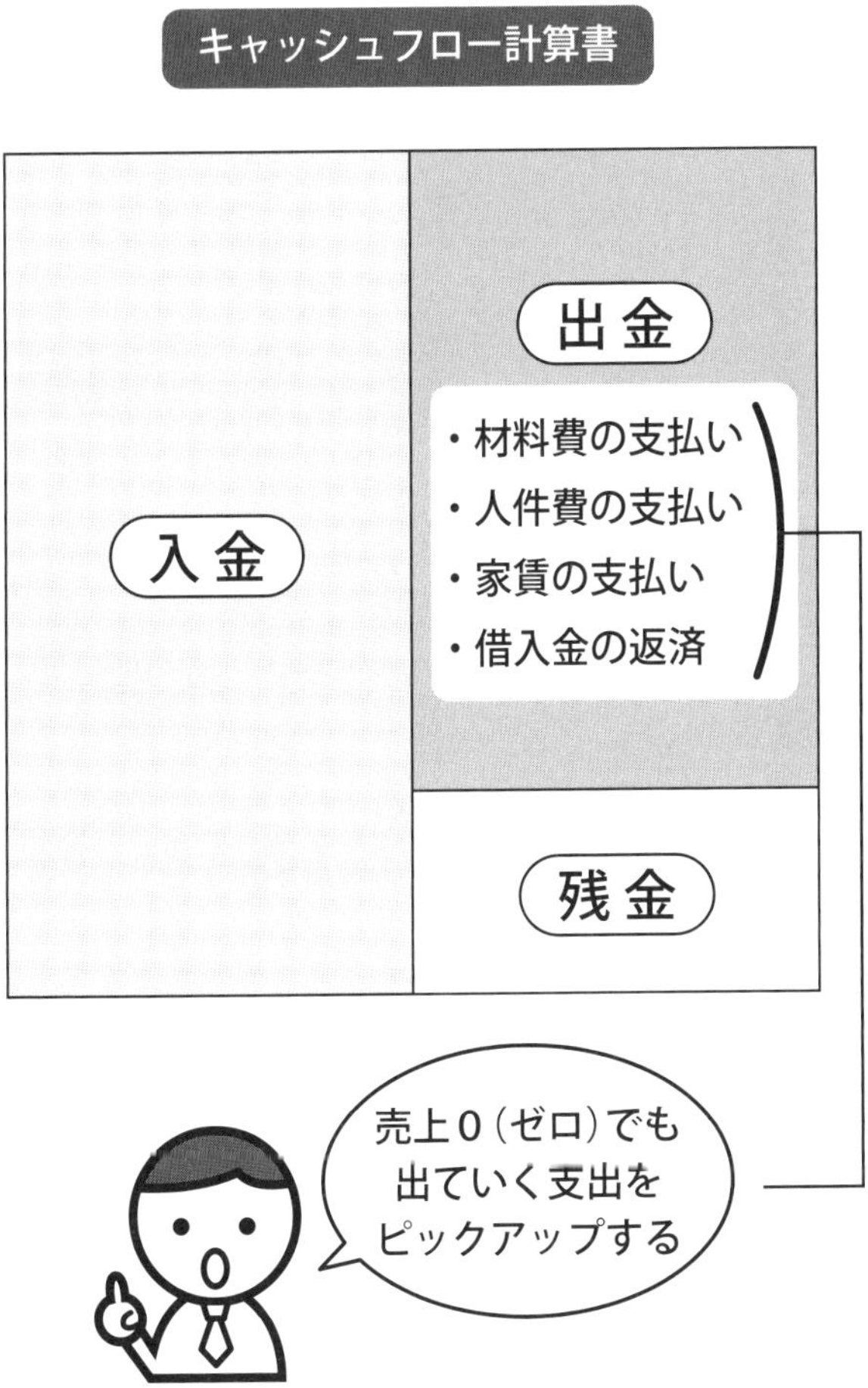

済です。借入金の返済は、会社の「稼ぐ力」とは関係ない支出なので、「損益計算書」の項目には出てきません。しかし、借入金があれば毎月の支出項目です。

そのため、**会社の毎月の入金、支出を確認するには、「お金（現預金）を回す力」を表す「キャッシュフロー計算書」を見ることが基本です。**

利益は増えているのに、現預金が減っている理由は？

「利益が出ていること」と「現預金が十分か」は別の話で、「利益」が出ていても倒産することもあります。あなたの経営するパン屋さんは、まさに「利益」が増えているにもかかわらず、「現預金」が減っていた状態でした。

そこで、その原因を「決算書」から分析してみることにします。まず目をつけたのが、「損益計算書」の材料費の金額と、「キャッシュフロー計算書」の材料費の支出の金額のズレです。すると、「損益計算書」の材料費よりも、実際の材料費の支出金額のほうが大きいため、「現預金残高」が「利益」より少なくなっていることがわかりました（図5－11）。

図5－11　利益が出ているのに、お金（現預金）が少ない状態

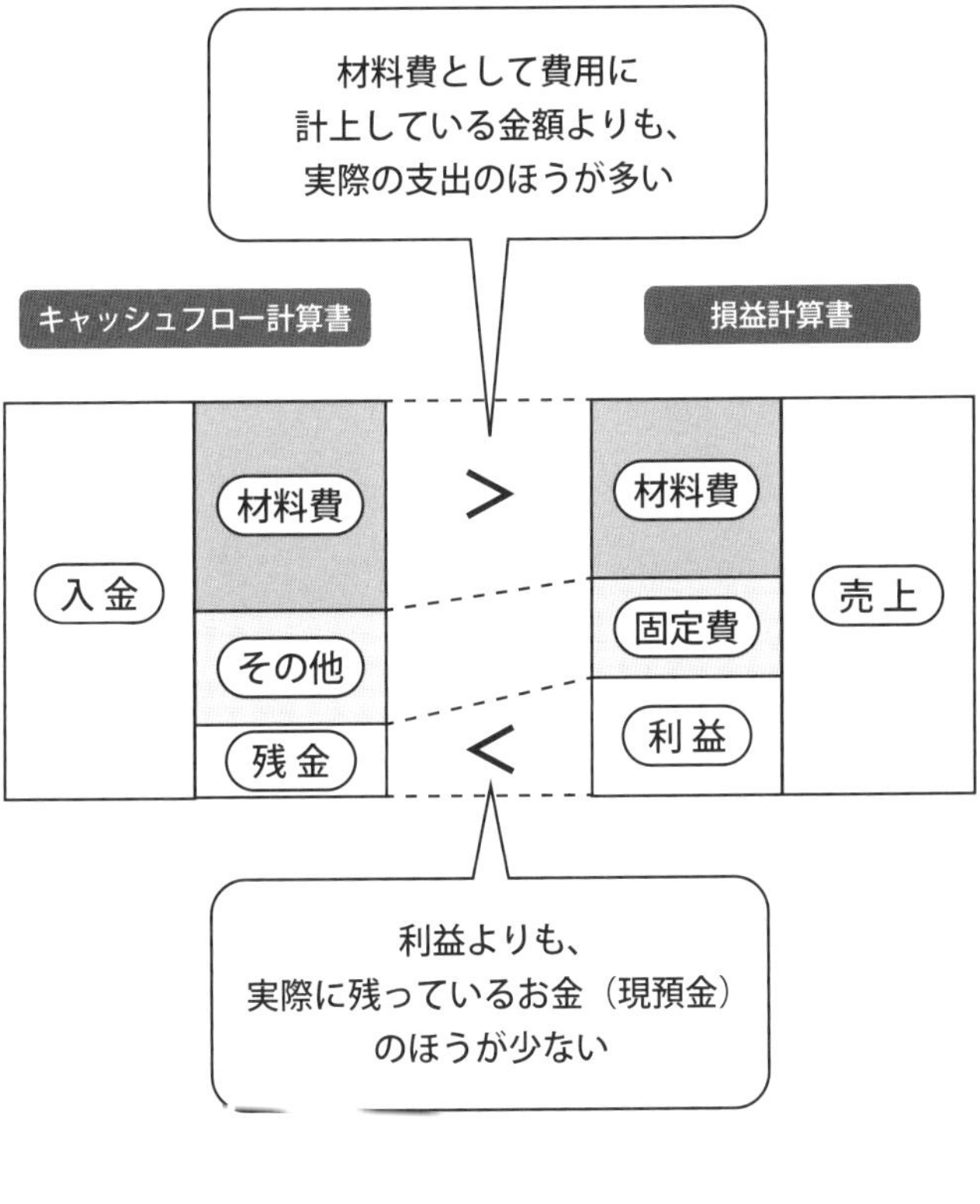

あなたのパン屋さんは材料の仕入れは基本的に現金で行なっており、費用の計上時期と出金時期は一致しているはずなので、費用と出金の額がズレているのは不思議です。ただし、「現預金残高」が減っているということは、材料費以外の何かに形を変えているはずです。

そこで、「現預金」の運用先が表示されている「貸借対照表」の「資産」の項目を見ていくことにします。「資産」の項目を見ると、「材料」という科目の金額と今回のズレが一致していることを突きとめました。そういえば、よくよく考えてみると、売れると思って大量に仕入れた材料が倉庫にあったのです。現預金で購入した材料が、「利益」に貢献せず在庫として眠っていたのです。

すぐに在庫に計上されているものを確認し、商品化できないものはすぐに廃棄することに決めました。また、これからは「売上」をきちんと予測し、適正な在庫を管理していくことにしました。

では、なぜ在庫が現預金を減らすことになるのでしょうか？　このことは、第3章で学んだ「仕訳」と「決算書」の関係で考えてみるとわかります。

たとえば、材料を100万円購入したときは、次のような「仕訳」となります。材料費という「費用」は「損益計算書」に、現預金という「資産」の減少は「貸借対照表」、そして「現預金」の動きを表す「キャッシュフロー計算書」にそれぞれ転記されます（図5－12）。

借方）材料費　100万円　貸方）現預金　100万円

このまま材料費がすべて費用になるかというと、そうではありません。「会計」の基本原則である「発生主義」を思い出してみましょう。「発生主義」とは、会社の現預金の増減にかかわらず、その原因となるイベントが起きたときに「仕訳」をする考え方です。

購入した材料がすべて費用になるのではなく、「実際に売り上げた分の材料費」だけが「費用」となります（「費用を収益に対応させる」ともいいます）。

それでは、たとえば仕入れた材料100万円のうち、50万円分は未使用だった場合はどうなるのでしょうか？

図5－12　材料を購入したときの「仕訳」から「決算書」

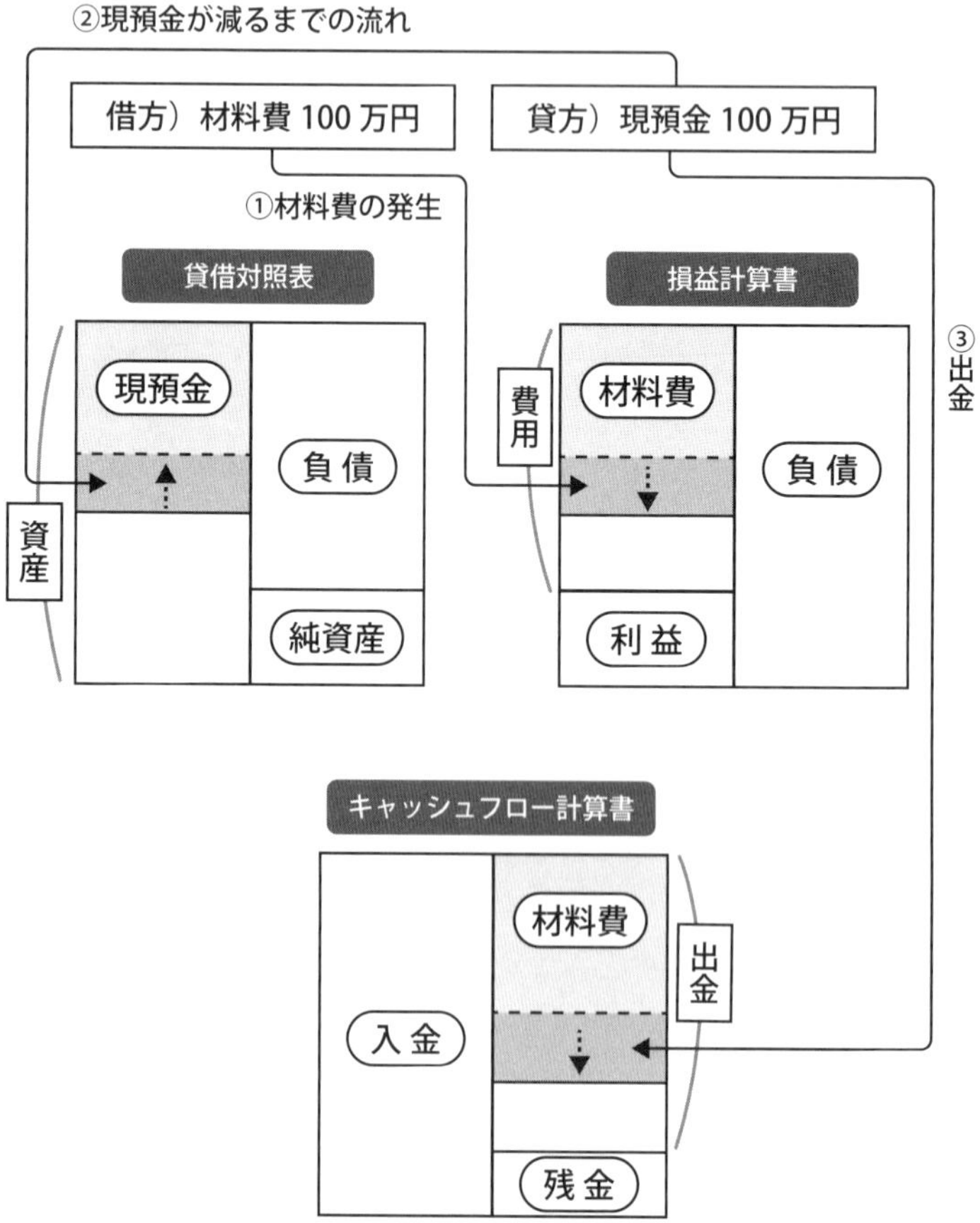

未使用分の材料は、「貸借対照表」の「資産（材料）」に在庫として計上されるのです（図5－13）。

借方）材料　50万円　貸方）材料費　50万円

この在庫として積み上げられている「材料」は、現預金の支出が先行している状態です。いわば、前払いをしているようなものです。

実際にその材料を使って、パンをつくって、売上が上がるまでは「費用」にすることができません。しかも、その在庫は使うことがない不良資産であれば、「見かけ（現預金の裏づけがない）だけの「利益」が計上されていることになり、黒字倒産の原因にもなりえます。

このようなことにならないためにも、「利益」と「現預金」のズレの原因を把握し、適切な対処方法をとっていかなければならないのです。

図5－13　材料の一部が未使用だった場合

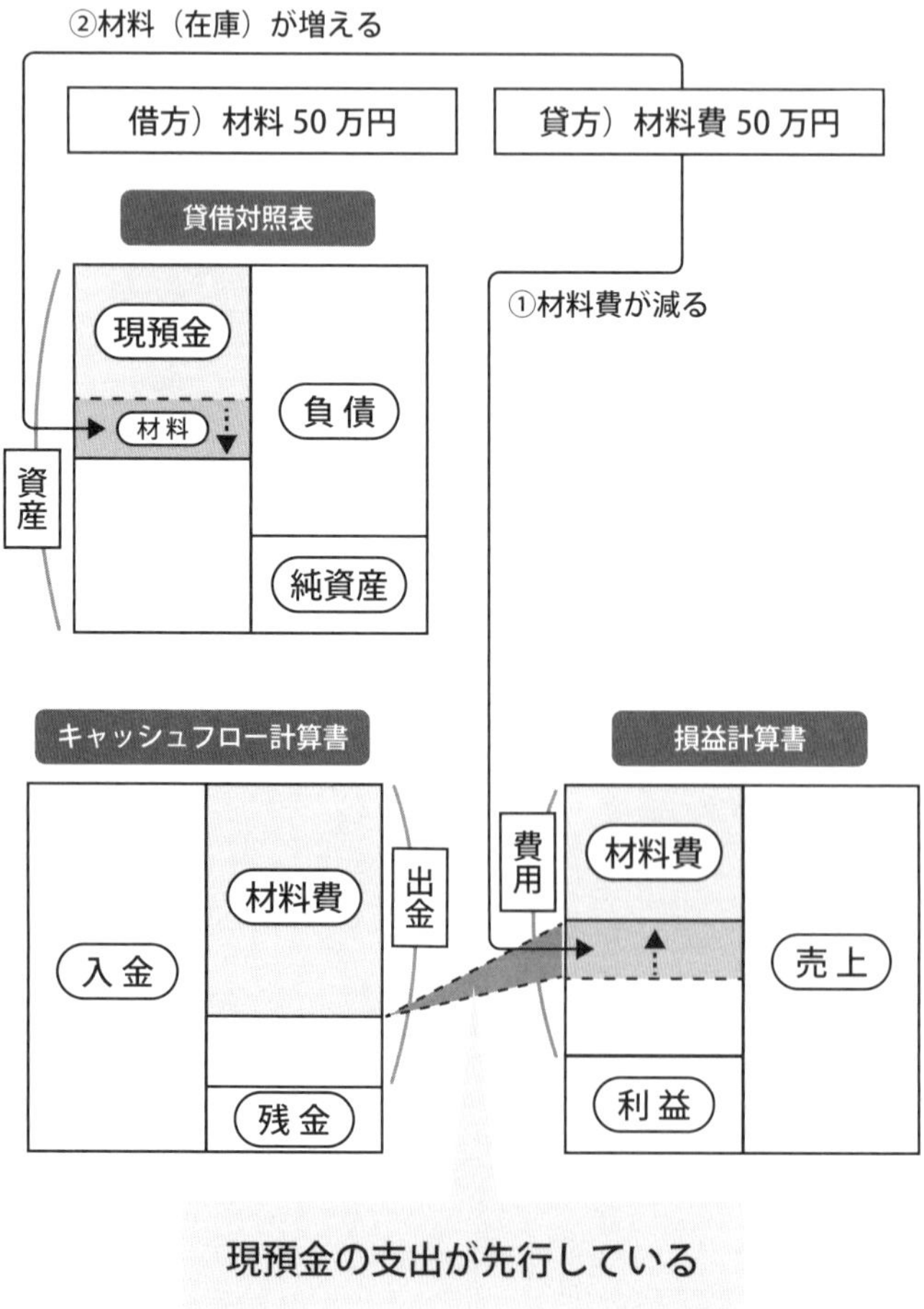

「取引先の安全性」はどうチェックする？

その後、あなたのパン屋さんは、「利益」が出るようになっただけでなく、「資金繰り」もうまくいくようになってきました。

そんなある日、あなたがつくったパンがおいしいという評判を聞きつけた、ある中小企業のパンの製造会社から業務提携の話を持ちかけられました。そのパンの製造会社は、あなたのパン屋さんにはない、パンを製造するノウハウを持っていて、こちらとしても悪くはない話のように思えました。

ただ、そのパンの製造会社の経営状態を何も知らずに業務提携するのは、さすがに不安です。そこで、その会社の3期分の「決算書」を入手しました。

まず「会社の経営がうまく回っているかどうか」を確認するために、「貸借対照表」の「純資産」がプラスになっているかを確認しました。直近の「貸借対照表」を見ると、「純資産」はきちんとプラスになっていたため、ひとまずは安心です。

次に、「利益が継続的に出ているか」を3期の「損益計算書」を並べて見てみました。

会社の本業の利益である「営業利益（売上から原価や販売管理費を差し引いた額）」が3期ともプラスになっており、「稼ぐ力」は問題なさそうです。

さらに、「会社が集めたお金（資本金）」と「稼ぐ力（利益）」とのバランスを見ていくことにしました。計算してみると、「会社が集めたお金（資本金）」に対して、「稼ぐ力（利益）」は毎年8～9％程度を推移していました。中小企業の平均が約10％であるといわれており、「売上規模のわりに、少し『稼ぐ力（利益）』が低いかな？　余計な出費があるのかもしれない？」と感じました。

そこで、そのパンの製造会社が何にお金を使っているのかが気になります。

ただ、この会社は上場していないので、用意された「決算書」は「貸借対照表」と「損益計算書」だけです（「キャッシュフロー計算書」は、上場しているなど一部の会社のみ作成の義務があります）。

しかし、これまで学んできた、「決算書」の「つながり」を活用していくと、「貸借対照表」と「損益計算書」の2つでお金の流れがある程度わかるのです。

まず「損益計算書」の「費用」の項目を見ると、その会社がどんな負担をしているかが見えてきます。材料費などは、自分も同じパンをつくる仕事をしているので、ある程度妥当な額だとわかりました。

ほかの「費用」をざっと確認したところ、人件費が少し高いように思えました。内訳を見てみると、役員報酬の金額が突出して高いことがわかりました。

この会社が「蓄え」のわりに「利益」が少なかったのは、役員に多額の報酬を払っていたことが原因のようです。これらのことから、この会社の「利益は、上の人間にまず還元する」という体質を垣間見た気がしました。

最後に、この会社の「資金の安全性」を見てみます。

ただ、「キャッシュフロー計算書」がないため、細かい支出の内容はわかりません。そこで、「損益計算書」から1か月分の「売上」を計算した額を「現預金残高」と比較してみることにします。

「損益計算書」は1年分なので、「売上」から12か月分を割ったものを計算して、期末の「貸借対照表」の「現預金残高」と比較してみます。すると、この会社は1か月分の「売上」にも「現預金残高」が届いていない状況だとわかりました。

では、どこにお金が運用されているのでしょうか？　そこで、会社の現預金の使い道を示す、「貸借対照表」の左側（資産の部）をつぶさに見ていきました。

まず、材料（在庫）が年々増えている点が目立ちます。このことから、資金繰りが改善する前のあなたのパン屋さんと同じように、「在庫管理がずさん」という可能性が推測できます。

このように、このパンの製造会社と業務提携するかどうかを、「決算書」をもとに判断していきました。

資本効率があまりよくなく、儲かった「利益」を役員報酬に相当使っていて、1か月の売上分の「現預金残高」も準備できていません。この会社の「貸借対照表」の右側を見ると、「借入金」も年々増えています。これらの状態から、この会社は資金的には決して安全な状況ではない、と判断できます（図5－14）。

「決算書」から、この会社との提携は考え直したほうがよいかもしれない、と意思決定をすることができるのです。

図５－14　取引先の安全性をチェック

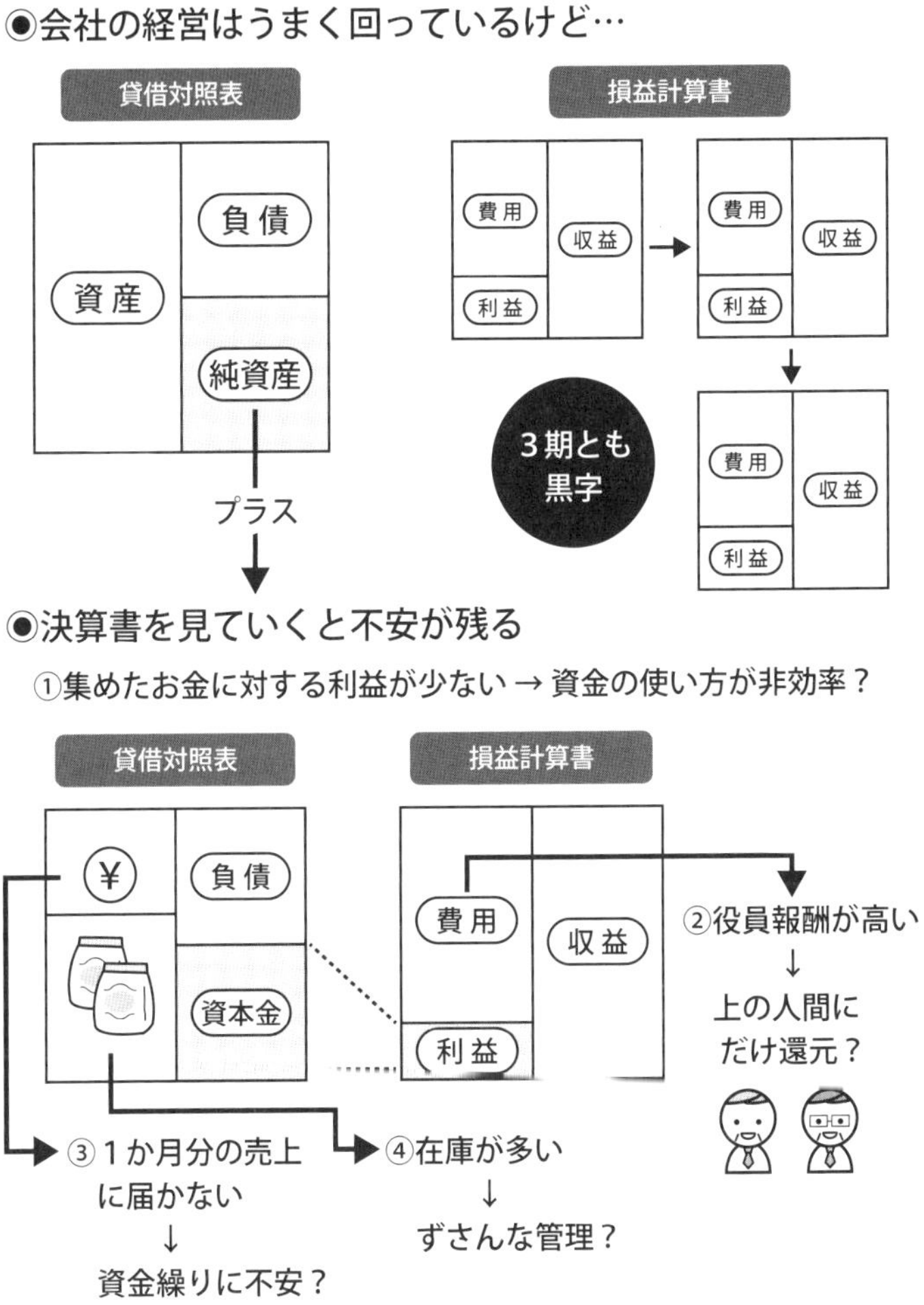

Lesson 5

数字を「活かす」スキルを身につけるために大切なこと

この章では、これまで学んできたことをもとに、「数字を使って、いかに経営に活かすか」について見ていきました。押さえておきたいポイントは、次のことです。

・数字を「活かす」スキルは、決算書を「読む」スキルが土台となっている

そのため、土台である決算書を「読む」スキルがないのに、いきなり数字を活かそうと、細かい分析に入ってもうまくいきません。

パン屋さんの例でもあったように、まず第3章で学んだ、「損益計算書」「貸借対照表」「キャッシュフロー計算書」の3種類の「決算書」の「目的」と「つながり」の理解が不可欠です。そして3つの「決算書」から、会社の現在の状況を把握することが「数字を活かす」はじまりなのです。

数字を活かして、意思決定をしていくには、次のことも大切です。

・会社の「決算書」をもとに、自分が知りたい情報にフォーカスしていく

会社の「決算書」は、外部の利害関係者のためにつくられたものであり、経営の意思決定のためには情報が不十分です。そこでパン屋さんの例では、「利益」を出すための最低条件である「粗利が固定費をまかなえる状態」について説明しました。

そして、「利益」を出すために「粗利を増やす」「材料費以外の費用を抑える」などの具体的な方法を検討していきました。また、「商品ごとの損益計算書」をつくって採算の合わない商品を見つけるという手法も紹介しました。

このように「**数字を活かす**」ためには、「**自分は何を知りたいのか？**」→「**そのために必要な情報は？**」とフォーカスしていくことが基本になります。

数字を「活かす」スキルには、「つくる」「読む」「報告する」スキルと異なり、とくに守らなければいけないルールはありません。「数字を活かす」というのは、ある意味、経営の判断をするうえで、知りたい情報を得るために数字を自由に操《あやつ》る、といったイメージに近いかもしれません。

これは、パン屋さんの例で出てきた資金繰りの問題についても同じです。パン屋さんの例では、「３か月間、売上がまったく０（ゼロ）の状態でも、安全な現預金残高の金額」を算出しました。

この金額の基準は、もちろん数字を「活かす」人や状況によって異なります。これは、取引先の安全性をチェックする基準も同様です。その人ごとに、その状況ごとに、知りたい情報も違ってくるからです。

だからこそ、たとえば経営指標をいきなり暗記するよりも、**まず「自分がどんな情報を知りたいのか？」を明らかにすることが数字を活かすうえで、最も大事なことともいえます。**

あなたは、ここまでに「会計」の大事なことをマスターしたわけです。これらのスキルが身についたことで、会計の初心者から脱け出したも同然といえるでしょう。

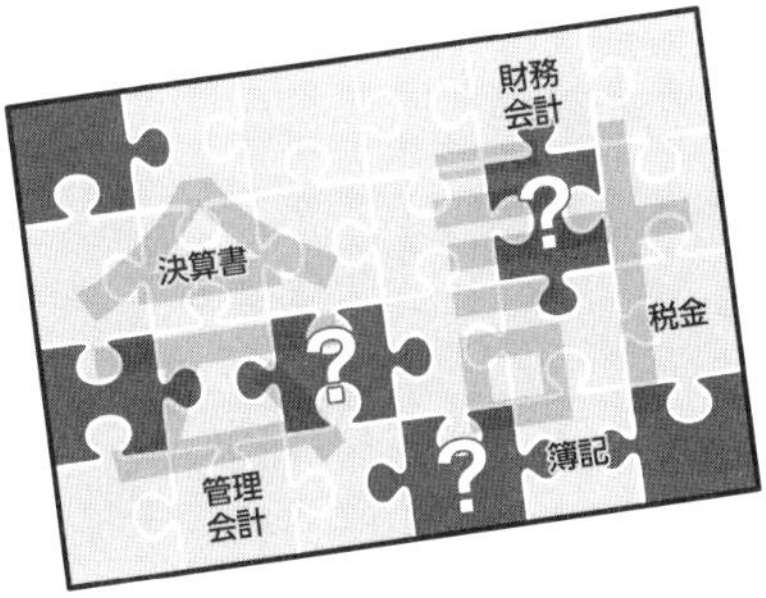
財務
会計
決算書
税金
簿記
管理
会計

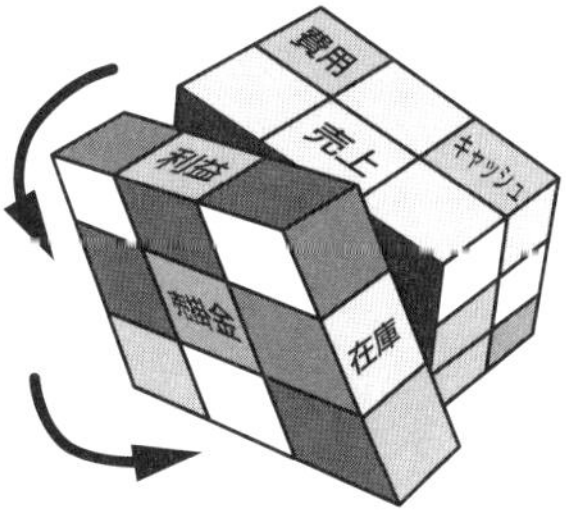
費用
売上
キャッシュ
利益
税金
在庫

おわりに

本書のコンセプト「会計と決算書の全体像を示し、大事なポイントを押さえながら、なおかつ初心者向けに専門用語をなるべく使わずに伝える」というのは、私にとって大きな挑戦でした。

私が現在行っている税理士の仕事は、ただ数字をつくって、報告して終わりではありません。そういった仕事は、急速に進歩するＩＴやＡＩにとって代わられるでしょう。

私が考える税理士の本来の仕事は、「自分（自社）で会計や決算書の大事なポイントを押さえたうえでの意思決定」のサポートをすることです。そのためのステップの1つとして、「会計」の全体像を網羅した、かつ初心者向けの本を出せたら、という願いが私にはありました。

その願いをかなえるための挑戦は、自分が思っていたよりも早くきました。私がブログの記事に書いた「はじめて会計の勉強をしたときに、数字がパズルのように組み合わさって、決算書ができあがっていく過程にワクワクしました」という文章に、出版社の編集者の方が興味を持ち、声をかけていただいたことがきっかけでした。

執筆にあたっては、「回りくどい説明をしないで正面から説明する」「難しい（複雑な）ことをわかりやすく書く」「細かい論点は省く」という点に苦労しました。すべてを書き終えた今、「出せるものは出しきった」という思いでいっぱいです。

「会計」や「決算書」に苦手意識を持っていた方が、この本を読んで「数字をもとに、日々の仕事の意味を見出せた」「仕事に役立った」「数字を見るのが、前よりも面白くなった」など、何らかの「行動」につながることができれば、著者としてこれ以上にうれしいことはありません。

本書の執筆にあたっては、はじめての単著ということで、さまざまな方にお世話になりました。

編集者の方には、私の文章に対して、初心者の目線で鋭い質問をしていただいたおかげで文章がブラッシュアップできたと思っています。

「利益と現預金残高は、なぜ一致しないのでしょう?」という素朴な疑問を私にぶつけてきてくださった、アイシーティーリンク株式会社の代表取締役・田辺泰三様。田辺様の素朴な疑問が、本書を執筆するうえでの大きなヒントになりました。大変感謝しております。

専門家の目から原稿を快くチェックしていただき、さらにはご意見もいただいた税理士の井ノ上陽一様。貴重なお時間をいただき、ありがとうございました。

最後に、「初心者向けの会計の本」ということで、「高校生にもわかる」くらいの内容にということも意識し、執筆にあたって私のよき質問相手となってくれた息子へ。勉強で忙しいなか、嫌がりもせずに付き合ってくれて、ありがとう。

戸村涼子

戸 村 涼 子（とむら　りょうこ）
税理士。戸村涼子税理士事務所代表。1978年東京都新宿区四ツ谷出身。大学卒業後、会計事務所に勤務。子育てのために休職後、外資系企業数社および日系上場メーカーにて経理業務を担当、税理士法人にて外資系企業の顧問業務に携わる。子育てと仕事を並行しながら、税理士試験の勉強に注力する。2015年に税理士登録をした後、2016年独立。クラウド会計専門の税理士として、中小企業、ネットビジネス、海外取引、副業を強みに、アドバイザリー業務に特化している。平日に毎日更新しているブログでは、税務・会計にとどまらず、独自の視点からこれまでの経験を踏まえた仕事観を中心とした情報提供を行い、幅広い読者から共感を得ている。共著書に『十人十色の「ひとり税理士」という生き方』（大蔵財務協会）がある。

会計《かいけい》と決算書《けっさんしょ》がパズルを解《と》くようにわかる本《ほん》

2018年 8 月 10日　初版発行

著　者　戸村涼子
発行者　吉田啓二

発行所　株式会社日本実業出版社　東京都新宿区市谷本村町3-29 〒162-0845
大阪市北区西天満6-8-1 〒530-0047
編集部 ☎03-3268-5651
営業部 ☎03-3268-5161
振　替　00170-1-25349
https://www.njg.co.jp/

印 刷／壮 光 舎　　製 本／若林製本

この本の内容についてのお問合せは、書面かFAX（03-3268-0832）にてお願い致します。
落丁・乱丁本は、送料小社負担にて、お取り替え致します。

ISBN 978-4-534-05611-5 Printed in JAPAN

日本実業出版社の本

「数字」が読めると本当に儲かるんですか？

数字オンチのための「儲かる会計」が肌感覚でわかる本

古屋悟司
定価本体1400円（税別）

ずっと赤字体質だったのが、スゴ腕の税理士から「管理会計」について教わったとたん、V字回復して黒字が続いているという、著者の実話をもとにした超実践的な会計入門。

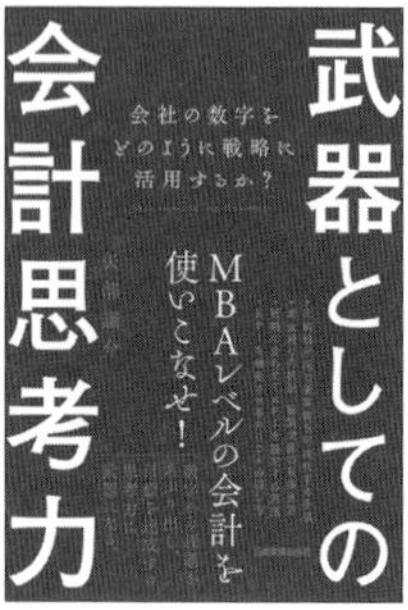

武器としての会計思考力

会社の数字をどのように戦略に活用するか？

矢部謙介
定価本体1700円（税別）

決算書を「比例縮尺図」に翻訳して、ビジネスモデルを読み解く方法、財務指標の使い方、粉飾などの見抜き方、戦略に合わせてＫＰＩを設定・運用する方法などを、豊富な実例を交えて解説。

入社1年目からの数字の使い方

深沢真太郎
定価本体1400円（税別）

一瞬で伝わる報告の仕方、迷わず決められるようになる評価方法、「率」を使った根拠のつくり方など、社会人なら知っておきたい仕事で数字を使いこなすための39のテクニックを紹介。

定価変更の場合はご了承ください。